INTERMEDIATE Level II

Korean Speaking for University Life

중급 II

대학 생활을 위한
한국어 말하기

연세대학교 한국어학당 편

연세대학교 대학출판문화원

대학 생활을 위한

한국어 말하기 (중급 II)

편저자 연세대학교 한국어학당 교재편찬위원회
집필진 김미옥 · 민지숙 · 윤은미 · 이기성 · 김미정 · 최주리
펴낸곳 연세대학교 출판문화원

주소 서울시 서대문구 연세로 50
전화 02) 2123-3378~80
팩스 02) 2123-8673
ysup@yonsei.ac.kr
http://press.yonsei.ac.kr
등록 1955년 10월 13일 제9-60호
인쇄 네오프린텍(주)
삽화 문춘경 외
녹음 MS미디어
성우 윤미나 · 전광주

2012년 5월 25일 1판 1쇄 2022년 3월 25일 1판 6쇄
ISBN 978-89-7141-984-7 (08710)
978-89-7141-977-9 (세트)

값 10,000원(CD포함)

머리말

국내 최고의 명성으로 한국어 교육의 50년 전통을 이어 온 연세대학교 언어연구교육원 한국어학당에서는 한국어 교육의 질을 높이기 위해 그동안 많은 교재를 편찬해 왔다. 최근 한국 내 대학, 대학원에서 수학하고 있거나 진학하고자 하는 외국인이 증가함에 따라 학문을 목적으로 하는 한국어 교재에 대한 학습자들의 요구가 높아지고 있다. 이에 따라 연세대학교 언어연구교육원 한국어학당에서는 대학 수학을 목적으로 하는 외국인 유학생들을 대상으로 한국어와 한국 문화를 교육할 수 있는 새로운 교재를 출간하게 되었다.

연세대학교 언어연구교육원 한국어학당에서 출간하는 이 교재는 대학 생활에 필요한 의사소통 기능을 집중적으로 향상시킬 수 있는 『대학 생활을 위한 한국어』 시리즈와 대학에서의 수학 능력을 집중적으로 향상시킬 수 있는 『대학 강의 수강을 위한 한국어』 시리즈로 되어 있다. 『대학 생활을 위한 한국어』 시리즈는 초급 학습자를 위한 『대학 생활을 위한 한국어 초급』, 중급 학습자를 위한 『대학 생활을 위한 한국어 중급 I 』, 『대학 생활을 위한 한국어 중급 II 』로 되어 있으며, 『대학 강의 수강을 위한 한국어』 시리즈는 중급 학습자를 위한 『대학 강의 수강을 위한 한국어 중급 I 』, 『대학 강의 수강을 위한 한국어 중급 II 』, 그리고 고급 학습자를 위한 『대학 강의 수강을 위한 한국어 고급』으로 되어 있다.

『대학 생활을 위한 한국어』 시리즈는 한국어 학습 단계별로 요구되는 내용을 주제로 말하기, 듣기, 쓰기 능력을 향상할 수 있도록 다양한 과제와 활동으로 구성된 분리형 교재이다. 그리고 『대학 강의 수강을 위한 한국어』 시리즈는 대학 수학에서 요구되는 기능과 장르를 중심으로 말하기, 듣기, 쓰기, 읽기 능력을 향상할 수 있도록 실용적인 과제와 활동으로 구성된 분리형 교재이다. 이들 교재에서는 학습자들이 흥미를 가질 수 있는 주제와 상황을 기초로 여러 가지 의사소통 기능 및 전략을 배울 수 있도록 배려하였다.

『대학 생활을 위한 한국어』와 『대학 강의 수강을 위한 한국어』가 연세대학교 언어연구교육원 한국어학당에서 공부하는 학생들뿐만 아니라 한국 내에서 대학, 대학원 수학을 목적으로 하고 있는 모든 한국어 학습자들에게 도움이 되기를 바란다.

연세대학교 언어연구교육원
한국어학당 교재편찬위원회

일러두기

- '대학 생활을 위한 한국어 말하기 중급 Ⅱ'는 총 10개의 단원으로 이루어져 있으며 대학 생활에 필요한 의사소통 능력을 함양시킬 수 있도록 내용을 구성하였다.
- 각 단원은 모두 **【준비해 봅시다】**, **【말해 봅시다】**, **【정리해 봅시다】**의 세 단계로 구성되었다.
- 각 단원의 첫 부분에 제목과 학습목표를 제시하였다.

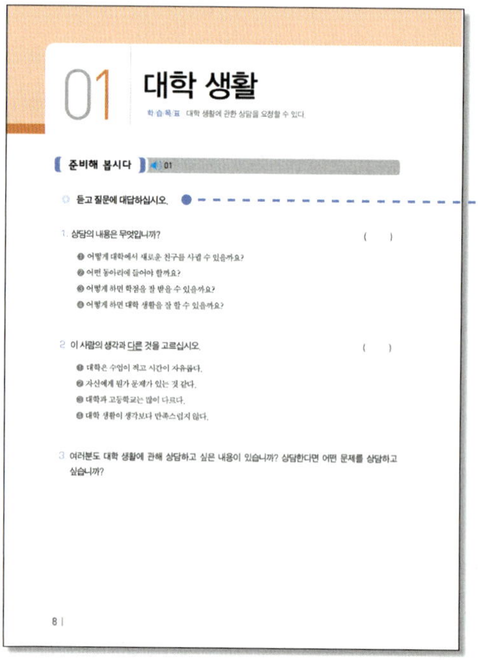

01 대학 생활

학습목표 대학 생활에 관한 상담을 요청할 수 있다.

【준비해 봅시다】 01

듣고 질문에 대답하십시오.

1. 상담의 내용은 무엇입니까? (　　)
   ❶ 어떻게 대학에서 새로운 친구를 사귈 수 있을까요?
   ❷ 어떤 동아리에 들어야 할까요?
   ❸ 어떻게 하면 학점을 잘 받을 수 있을까요?
   ❹ 어떻게 하면 대학 생활을 잘 할 수 있을까요?

2. 이 사람의 생각과 다른 것을 고르십시오. (　　)
   ❶ 대학은 수업이 적고 시간이 자유롭다.
   ❷ 자신에게 뭔가 문제가 있는 것 같다.
   ❸ 대학과 고등학교는 많이 다르다.
   ❹ 대학 생활이 생각보다 만족스럽지 않다.

3. 여러분도 대학 생활에 관해 상담하고 싶은 내용이 있습니까? 상담한다면 어떤 문제를 상담하고 싶습니까?

8 |

도입 듣기를 확인하고 말하기 활동을 준비할 수 있는 질문을 제공한다.

- **【준비해 봅시다】**는 총 3단계로 구성되며, 각 단계는 통제된 말하기와 자유로운 말하기로 단계적으로 진행할 수 있도록 구성되었다.

● **【말해 봅시다】**는 전체 담화 구성요소를 중심으로 전체 담화를 몇 개의 단계로 나누어 부분적으로 연습할 수 있도록 구성하였다.

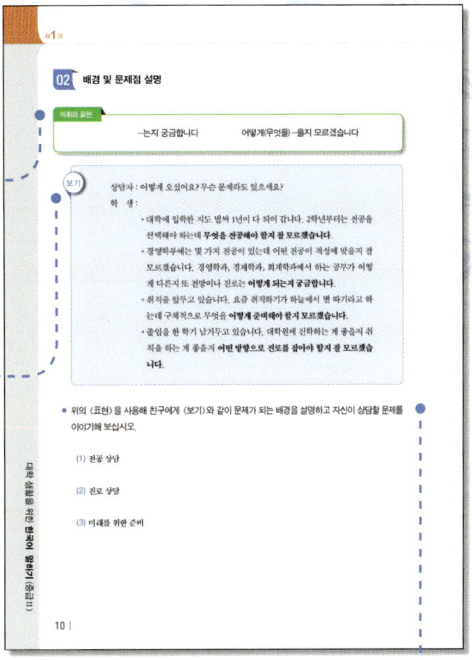

제1과

02 배경 및 문제점 설명

어휘와 표현

-는지 궁금합니다 어떻게(무엇을) -을지 모르겠습니다

보기

상담자 : 어떻게 오셨어요? 무슨 문제라도 있으세요?

학 생 :

- 대학에 입학한 지도 벌써 1년이 다 되어 갑니다. 2학년부터는 전공을 선택해야 하는데 **무엇을 전공해야 할지 잘 모르겠습니다.**
- 경영학부에는 몇 가지 전공이 있는데 어떤 전공이 적성에 맞을지 잘 모르겠습니다. 경영학과, 경제학과, 회계학과에서 하는 공부가 어떻게 다른지 또 전망이나 진로는 **어떻게 되는지 궁금합니다.**
- 취직을 앞두고 있습니다. 요즘 취직하기가 하늘에서 별 따기라고 하는데 구체적으로 무엇을 **어떻게 준비해야 할지 모르겠습니다.**
- 졸업을 한 학기 남겨두고 있습니다. 대학원에 진학하는 게 좋을지 취직을 하는 게 좋을지 **어떤 방향으로 진로를 잡아야 할지 잘 모르겠습니다.**

● 위의 〈표현〉을 사용해 친구에게 〈보기〉와 같이 문제가 되는 배경을 설명하고 자신이 상담할 문제를 이야기해 보십시오.

(1) 전공 상담

(2) 진로 상담

(3) 미래를 위한 준비

대학 생활을 위한 한국어 말하기 (중급 II)

10 |

각 단원의 학습목표에 적절한 어휘 및 문법 등의 표현 목록을 제시한다.

보기를 통해 어휘와 표현이 대화에서 어떻게 구현되는지를 보여준다.

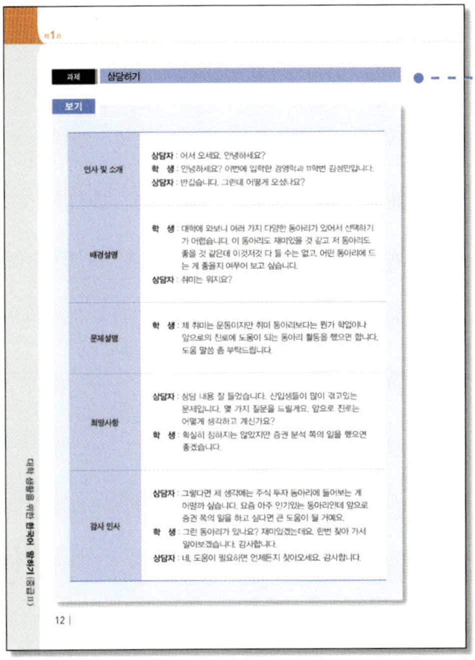

제1과

과제 상담하기

보기

인사 및 소개	**상담자** : 어서 오세요. 안녕하세요? **학 생** : 안녕하세요? 이번에 입학한 경영학과 11학번 김성민입니다. **상담자** : 반갑습니다. 그런데 어떻게 오셨나요?
배경설명	**학 생** : 대학에 와보니 여러 가지 다양한 동아리가 있어서 선택하기가 어렵습니다. 이 동아리도 재미있을 것 같고 저 동아리도 좋을 것 같은데 이것저것 다 들 수는 없고, 어떤 동아리에 드는 게 좋을지 여쭈어 보고 싶습니다. **상담자** : 취미는 뭐지요?
문제설명	**학 생** : 제 취미는 운동이지만 취미 동아리보다는 뭔가 학업이나 앞으로의 진로에 도움이 되는 동아리 활동을 했으면 합니다. 도움 말씀 좀 부탁드립니다.
희망사항	**상담자** : 상담 내용 잘 들었습니다. 신입생들이 많이 겪고있는 문제입니다. 몇 가지 질문을 드릴게요. 앞으로 진로는 어떻게 생각하고 계신가요? **학 생** : 확실히 정하지는 않았지만 증권 분석 쪽의 일을 했으면 좋겠습니다.
감사 인사	**상담자** : 그렇다면 제 생각에는 주식 투자 동아리에 들어보는 게 어떨까 싶습니다. 요즘 아주 인기있는 동아리인데 앞으로 증권 쪽의 일을 하고 싶다면 큰 도움이 될 거예요. **학 생** : 그런 동아리가 있나요? 재미있겠는데요. 한번 찾아 가서 알아보겠습니다. 감사합니다. **상담자** : 네, 도움이 필요하면 언제든지 찾아오세요. 감사합니다.

대학 생활을 위한 한국어 말하기 (중급 II)

12 |

어휘와 표현을 사용해서 실제 담화를 생산해 낼 수 있도록 연습 활동을 제시한다.

[과제]는 이전 단계에서 분리 연습한 담화를 종합해서 연습할 수 있도록 보기와 과제가 제시된다.

● **【정리해 봅시다】**는 말하기 활동에 대한 평가 혹은 유사한 경험과의 비교나 연계를 통해 말하기 활동을 정리하고 마무리한다.

차례

내용구성

과	제목	학습 목표	텍스트 유형	과제
1	**대학 생활**	대학 생활에 관한 상담을 요청할 수 있다.	인터뷰	상담하기
2	**학교 행사**	행사에 관한 아이디어를 제안할 수 있다.	대화	제안하기
3	**성격**	인물의 성격에 대한 장단점을 묘사할 수 있다.	발표	설명하기 묘사하기
4	**실수와 사과**	다양한 상황에서 적절하게 사과와 대응을 할 수 있다.	대화	사과하기
5	**부탁과 거절**	다양한 상황에서 적절하게 부탁을 하고 거절을 할 수 있다.	대화	부탁하기 거절하기
6	**서비스센터**	서비스와 관련된 문제를 제기하고 개선을 요구할 수 있다.	대화	요구하기
7	**변화**	개인적, 사회적 변화에 대해 설명할 수 있다.	발표	자료 설명하기
8	**인터넷**	인터넷 사용에 대해 주장하고 토론할 수 있다.	토론	주장하기 반박하기
9	**대중문화**	전문가와 인터뷰할 수 있다.	인터뷰	설명 요청하기
10	**건강**	건강에 관한 조사 결과를 발표할 수 있다.	발표	발표하기

01 대학 생활

학/습/목/표 대학 생활에 관한 상담을 요청할 수 있다.

준비해 봅시다 01

◎ 듣고 질문에 대답하십시오.

1. 상담의 내용은 무엇입니까? (　　)

❶ 어떻게 대학에서 새로운 친구를 사귈 수 있을까요?
❷ 어떤 동아리에 들어야 할까요?
❸ 어떻게 하면 학점을 잘 받을 수 있을까요?
❹ 어떻게 하면 대학 생활을 잘 할 수 있을까요?

2. 이 사람의 생각과 다른 것을 고르십시오. (　　)

❶ 대학은 수업이 적고 시간이 자유롭다.
❷ 자신에게 뭔가 문제가 있는 것 같다.
❸ 대학과 고등학교는 많이 다르다.
❹ 대학 생활이 생각보다 만족스럽지 않다.

3. 여러분도 대학 생활에 관해 상담하고 싶은 내용이 있습니까? 상담한다면 어떤 문제를 상담하고 싶습니까?

말해 봅시다

01 인사와 자기소개

어휘와 표현

새내기　　학번　　과　　학년　　재학　　전공

보기

상담자 : 안녕하세요? 반갑습니다. 앉으세요
학　생 : 안녕하세요?
- 대학에 입학한 지 3주째 되는 신입생 유양입니다.
- 이번에 입학한 **새내기 11학번** 김성민입니다.
- **정치학과 2학년**에 **재학 중**인 이효상입니다.
- 국제학부에서 국제정치를 **전공하고** 있는 왕천입니다.

● 위의 〈어휘〉를 사용해 친구에게 〈보기〉와 같이 자신을 소개해 보십시오.

(1) 학번 소개

(2) 소속 학과와 학년 소개

(3) 전공 소개

02 배경 및 문제점 설명

어휘와 표현

–는지 궁금합니다　　　어떻게(무엇을) –을지 모르겠습니다

보기

상담자 : 어떻게 오셨어요? 무슨 문제라도 있으세요?

학　생 :

- 대학에 입학한 지도 벌써 1년이 다 되어 갑니다. 2학년부터는 전공을 선택해야 하는데 **무엇을 전공해야 할지 잘 모르겠습니다.**
- 경영학부에는 몇 가지 전공이 있는데 어떤 전공이 적성에 맞을지 잘 모르겠습니다. 경영학과, 경제학과, 회계학과에서 하는 공부가 어떻게 다른지 또 전망이나 진로는 **어떻게 되는지 궁금합니다.**
- 취직을 앞두고 있습니다. 요즘 취직하기가 하늘에서 별 따기라고 하는데 구체적으로 무엇을 **어떻게 준비해야 할지 모르겠습니다.**
- 졸업을 한 학기 남겨두고 있습니다. 대학원에 진학하는 게 좋을지 취직을 하는 게 좋을지 **어떤 방향으로 진로를 잡아야 할지 잘 모르겠습니다.**

● 위의 〈표현〉을 사용해 친구에게 〈보기〉와 같이 문제가 되는 배경을 설명하고 자신이 상담할 문제를 이야기해 보십시오.

(1) 전공 상담

(2) 진로 상담

(3) 미래를 위한 준비

03 희망사항

어휘와 표현

–었으면 좋겠습니다　　–었으면 합니다
–으면 감사하겠습니다　　–을지 여쭈어 보고 싶습니다

보기

상담자 : 뭘(어떻게) 도와 드릴까요? 어떤 도움을 원하세요?
학　생 :
- 필요한 것이 무엇인지 **알려주셨으면 좋겠습니다.**
- 좋은 방법이 있으면 꼭 좀 **알려주셨으면 합니다.**
- 도움 말씀 **주시면 감사하겠습니다.**
- 앞으로 어떤 준비를 하면 **좋을지 여쭈어 보고 싶습니다.**

● 다음에 대해서 위의 〈표현〉을 사용해 〈보기〉와 같이 원하는 내용을 이야기해 보십시오.

(1) 전공 추천

(2) 취직 준비 추천

(3) 동아리 선택 충고

과제 상담하기

보기

인사 및 소개	**상담자** : 어서 오세요. 안녕하세요? **학　생** : 안녕하세요? 이번에 입학한 경영학과 11학번 김성민입니다. **상담자** : 반갑습니다. 그런데 어떻게 오셨나요?
배경설명	**학　생** : 대학에 와보니 여러 가지 다양한 동아리가 있어서 선택하기가 어렵습니다. 이 동아리도 재미있을 것 같고 저 동아리도 좋을 것 같은데 이것저것 다 들 수는 없고. 어떤 동아리에 드는 게 좋을지 여쭈어 보고 싶습니다. **상담자** : 취미는 뭐지요?
문제설명	**학　생** : 제 취미는 운동이지만 취미 동아리보다는 뭔가 학업이나 앞으로의 진로에 도움이 되는 동아리 활동을 했으면 합니다. 도움 말씀 좀 부탁드립니다.
희망사항	**상담자** : 상담 내용 잘 들었습니다. 신입생들이 많이 겪고있는 문제입니다. 몇 가지 질문을 드릴게요. 앞으로 진로는 어떻게 생각하고 계신가요? **학　생** : 확실히 정하지는 않았지만 증권 분석 쪽의 일을 했으면 좋겠습니다.
감사 인사	**상담자** : 그렇다면 제 생각에는 주식 투자 동아리에 들어보는 게 어떨까 싶습니다. 요즘 아주 인기있는 동아리인데 앞으로 증권 쪽의 일을 하고 싶다면 큰 도움이 될 거예요. **학　생** : 그런 동아리가 있나요? 재미있겠는데요. 한번 찾아 가서 알아보겠습니다. 감사합니다. **상담자** : 네. 도움이 필요하면 언제든지 찾아오세요. 감사합니다.

● 다음의 상황에서 하나를 골라 친구와 역할을 정해 〈보기〉와 같이 대화를 해 보십시오.

문제 상황

대학 생활, 전공, 진로, 동아리, 봉사활동, 학습상담,
대학 생활 불편 사항 (기숙사, 수강 신청, 도서관 이용 등)

정리해 봅시다

대학 생활을 후회 없이 만족스럽게 보내기 위해서 꼭 해야 할 것이 무엇인지 친구들과 같이 이야기해 보십시오.

02 학교 행사

학/습/목/표 행사에 관한 아이디어를 제안할 수 있다.

준비해 봅시다 02

◎ 듣고 질문에 대답하십시오.

1. 무엇에 대해서 이야기하고 있습니까? (　　)

❶ 행사 준비　　❷ 행사 뒤풀이

❸ 행사 위원　　❹ 행사 참여

2. 여자는 무엇을 하고 있습니까? (　　)

❶ 제안하기　　❷ 소개하기

❸ 보고하기　　❹ 명령하기

3. 전시회를 계획할 때 생각해야 할 것들에 대해서 말해 보십시오.

말해 봅시다

01 제안하기

어휘와 표현

–었으면 합니다　　–지 않을까요?　　–는 게 어떨까요?

보기

회　장 : 이번 동아리 창립 30주년 기념 특강에 사진작가 김정만 씨를 **초청했으면 해요.**

부회장 : 어떤 분인데요?

회　장 : 평생 동안 자신의 꿈인 사진을 위해 살아온 인물이에요. 얼마 전 방송에 나온 걸 봤는데 방송을 보는 내내 사진과 삶에 대한 그 분의 열정이 느껴져서 직접 만나보고 싶다는 생각이 들더군요. 다른 학우들도 관심을 **보이지 않을까요?**

부회장 : 네, 그러면 다음 주 정기 모임에서 회원들의 의견을 들어보고 **결정하는 게 어떨까요?**

- 위의 〈표현〉을 사용해 〈보기〉와 같이 다음에 대해서 제안할 것을 말해 보십시오.

(1) 축제 때 하고 싶은 행사

(2) 동아리 봉사활동

(3) 방송제 초대 손님

02 제안의 이유 말하기

어휘와 표현

–으리라 생각됩니다

–다는 점에서 좋다고 생각합니다

–을 거라고 생각합니다

보기

부회장 : 그 분을 초청하고 싶은 이유는 무엇입니까?

회　장 : 김정만 씨는 최근 한 취업 관련 인터넷 사이트에서 실시한 조사에서 한국의 대학생들이 가장 만나고 싶어 하는 5명의 명사 중 하나로 뽑혔어요. 그리고 무엇보다도 우리 동아리가 사진 동아리이니까 회원들의 관심도 **크리라 생각되는데요**.

부회장 : 제 생각에도 김정만 씨는 우리 동아리 회원들의 관심을 끌 수 **있다는 점에서 좋다고 생각해요**.

회　장 : 게다가 김정만 씨의 특강이라면 다른 학생들에게도 우리 동아리에 대해 알릴 수 있는 좋은 기회가 **될 거라고 생각해요**.

- 위의 〈표현〉을 사용해 〈보기〉와 같이 제안의 이유를 말해 보십시오.

(1) 왜 그 행사가 하고 싶은가?

(2) 왜 그 봉사활동을 해야 하는가?

(3) 왜 그 초대 손님을 만나고 싶은가?

03 또 다른 제안하기

어휘와 표현

–도 좋지만 –는 건 어때요? –는 것도 괜찮을 것 같은데요
–는 게 어떨까 합니다

보기

회 장 : 그럼 다른 의견도 들어 보도록 하겠습니다. 말씀해 주세요.

회원1 : **김정만 씨도 좋지만** 우리 동아리 출신 영화배우 박성태 씨를 **초청하는 건 어때요?** 평상시 기부 활동을 많이 하는 것으로 유명한 박성태 씨에게 물어보고 싶은 것이 많아요.

회 장 : 말씀을 듣고 보니 박성태 씨를 **초청하는 것도 괜찮을 것 같은데요**. 또 다른 의견은 없나요?

회원2 : 두 분처럼 유명하신 분들은 우리 행사에 일정에 맞춰 초대하기 어려울 수도 있으니 사진 관련 일을 하시는 우리 동아리 선배님을 초청해 강의를 **듣는 게 어떨까 합니다.**

● 위의 〈표현〉을 사용해 〈보기〉와 같이 <u>다른</u> 의견을 제안해 보십시오.

(1) 다른 행사도 하고 싶다.

(2) 다른 봉사활동도 해야 한다.

(3) 다른 초대 손님을 만나고 싶다.

과제 제안하기

보기

주제 제시 및 제안하기	과대표 : 이번 학술제 주제는 '아시아 문학'입니다. 주제는 정해졌지만 특별 강연을 해 주실 초청 강사를 아직 정하지 못했습니다. 이번에는 특별히 우리 학과 여러분의 의견을 모아서 강사를 모시려고 합니다. 의견 내 주시기 바랍니다. 학 생1 : 우리 학과 선배이신 진평강 선생님을 초청했으면 해요.
제안하는 이유	과대표 : 어떤 분이신데요? 학 생1 : 10년 전에 우리 학과에서 박사 학위를 받으시고 현재 중국 대학교에서 비교문학을 가르치시고 계신 분이에요. 중국 사람이지만 한국말도 아주 잘 하시고요. 그 분만큼 두 나라에 대해서 잘 알고 계신 분도 없을 거라고 생각해요. 언젠가 꼭 한번 강의를 듣고 싶었어요.
또 다른 제안하기	과대표 : 그렇군요. 그럼 다른 분 의견도 들어 볼까요? 또 다른 의견은 없으세요? 학 생2 : 한국을 잘 아는 외국인 학자도 좋지만 재외 동포로서 이쪽 분야에서 활동하고 계신 분을 초청하는 건 어때요? 제가 알기로는 외국에서 문학 활동을 하고 계신 한국인이 꽤 많이 계신다고 들었어요. 과대표 : 그런데 그런 분들은 외국에 살고 계셔서 초대하기가 어려울 것 같아요. 학 생3 : 네. 저도 그렇게 생각해요. 제 생각에는 최근 한국에 사는 동남아시아인들을 주제로 소설을 쓰신 소설가 황원숙 씨에게 특강을 부탁하는 게 어떨까 하는데요.

- 다음의 상황에서 하나를 골라 친구와 역할을 정해 〈보기〉와 같이 대화를 해 보십시오.

(1) 학생회의에서 축제에 초청할 가수 제안하기

(2) 교수님께 학술제에 초청할 강사 제안하기

(3) 축제 기간 동아리 행사에 대한 의견 제안하기

정리해 봅시다

여러분이 대학 생활을 하면서 해 보고 싶은 행사나 참여하고 싶은 행사가 있으면 제안해 보십시오.

03 성격

학/습/목/표 인물의 성격에 대한 장단점을 묘사할 수 있다.

준비해 봅시다 03

◎ 듣고 질문에 대답하십시오.

1. 무엇에 대해서 이야기하고 있습니까? (　　)

❶ 선배의 성격　❷ 선배의 외모
❸ 선배의 계획　❹ 선배의 역할

2. 선배에 대한 성격이 아닌 것을 고르십시오. (　　)

❶ 무뚝뚝하다.　❷ 자상하다.
❸ 내성적이다.　❹ 정이 많다.

3. 여러분의 성격은 어떻습니까? 자신의 성격을 한마디로 표현해 보십시오.

말해 봅시다

01 긍정적 성격 말하기

어휘와 표현

명랑하다	활발하다	적극적이다
자상하다	솔직하다	원만하다

보기

우리 과 선배 중에 제가 닮고 싶은 선배가 있어요. 그 선배는 성격이 워낙 **명랑하고 활발해서** 매사에 **적극적이고** 항상 밝은 모습이에요. 또 후배들에게는 **자상하게** 대해 주면서도 우리가 선배를 섭섭하게 할 때는 곧바로 잘못을 지적해 주기도 해요. 저는 그런 선배의 **솔직한** 면이 좋아요. 선배는 이렇게 **원만하고** 밝은 성격 덕분에 주위에 항상 사람이 많아요. 이런 멋있는 선배를 좋아하지 않는 사람은 없을 거예요.

● 위의 〈어휘〉를 사용해 〈보기〉와 같이 다음 인물들의 성격에 대해 말해 보십시오.

(1) 가장 닮고 싶은 친구

(2) 드라마나 동화, 소설 속 인물 중 좋아하는 인물

(3) 자신의 성격 중 장점

02 부정적 성격 말하기

어휘와 표현

급하다 덜렁거리다 고집이 세다 변덕스럽다

보기

제 동생은 성격이 **급해서** 실수를 많이 해요. 특히 말실수를 많이 하는데 자기가 생각한 것을 바로 말해 버려서 다른 사람의 기분을 상하게 하는 일도 자주 있어요. 또 **덜렁거리는** 성격 탓에 학교 준비물을 집에 놓고 간다거나 약속을 잊어버릴 때도 있어요. 그럴 때마나 제가 야단을 치지만 제대로 듣지도 않아요. 막내라서 그런지 **고집이 세서** 자기 뜻대로만 하려고 해요. 게다가 **변덕스러워서** 무슨 일이든 끝까지 해보지도 않고 금방 싫증을 내요. 참 한심해요. 어떻게 하면 이런 성격을 고칠 수 있을까요?

- 위의 〈어휘〉를 사용해 〈보기〉와 같이 다음 인물들의 성격에 대해 말해 보십시오.

(1) 친구가 되고 싶지 않은 사람

(2) 드라마나 동화, 소설 속 인물 중 단점이 많은 인물

(3) 자신의 성격 중 단점

과제 인물 성격의 장단점 말하기

보기

영국 소설가 찰스 디킨스의 소설 '크리스마스 캐롤'에 나오는 스크루지는 크리스마스 전날 유령들과 떠난 시간 여행을 통해 완전히 다른 성격의 사람으로 다시 태어나게 됩니다.

원래 스크루지는 성격이 까다롭고 변덕이 심해서 주위에 친구들도 없고 외로운 생활을 합니다. 그러다 보니 그의 유일한 즐거움은 돈을 모으는 것이 되어 버렸고 그렇게 혼자만의 세계에 빠져 사는 그의 성격은 점점 더 이상해집니다.

늘 혼자 있다 보니 모가 난 성격은 다듬어지지 않고 다른 사람을 만나는 일을 피하다 보니 내성적인 성격이 고쳐지지 않았습니다.

또한 주위에 아무리 불쌍한 사람이 있어도 자신의 이익만을 생각하는 이기적인 면도 있었습니다. 그러나 시간여행으로 자신의 과거, 현재, 미래를 객관적으로 보게 되자 지금 상태 그대로 살다가는 불행해질 거라는 것을 깨닫게 됩니다. 그래서 그는 새로운 사람으로 다시 태어나기로 합니다. 주위의 사람들에게 자상하고 친절하게 대해 주고 어려운 사람들을 도와주기도 합니다. 이렇게 사람들을 많이 만나다 보니 어둡던 그의 성격은 명랑하고 활달한 성격으로 바뀌게 됩니다. 또한 모가 났던 성격은 원만하고 사교적으로 바뀌었습니다.

스크루지를 통해 자신의 의지로 완전히 다른 사람이 될 수 있다는 것과, 긍정적인 성격이야말로 자기 자신은 물론 주위 사람들까지도 행복하게 해 준다는 교훈을 얻었습니다.

- 여러분이 알고 있는 사람들 중에서 하나를 골라 〈보기〉와 같이 그 사람 성격의 장단점에 대해서 말해 보십시오.

정리해 봅시다

여러분은 결혼할 상대자의 성격이 어땠으면 좋겠습니까?

04 실수와 사과

학/습/목/표 다양한 상황에서 적절하게 사과와 대응할 수 있다.

준비해 봅시다 04

◎ 듣고 질문에 대답하십시오.

1. 어떤 내용의 대화입니까? ( )

❶ 부탁 ❷ 사과
❸ 요구 ❹ 거절

2. 여자는 무엇에 대해서 이야기하고 있습니까? ( )

❶ 남자의 물건을 고장 낸 것
❷ 남자의 물건을 잃어버린 것
❸ 남자와 한 약속을 지키지 못한 것
❹ 남자에게 물건을 빌려 주지 못한 것

3. 여러분은 사과를 한 적이 있습니까? 무슨 잘못을 해서 사과를 했습니까?

말해 봅시다

01 사과하기

어휘와 표현

미안합니다(죄송합니다).
미안해서(죄송해서) 어떻게 하지요?
다음부터는 이런 실수가 없도록 하겠습니다.
입이 열 개라도 할 말이 없습니다.
진심으로 사과드립니다.
사과할게요. 잘못했어요.
뭐라고 드릴 말씀이 없습니다.

보기

교수 : 오늘 자네가 발표인데 준비를 안 해오면 어떻게 하나.
학생 : **죄송합니다.** 오늘 발표인 걸 깜빡 잊었습니다.
교수 : 수업 전에 미리 알려 주었으면 좋았을 텐데...
학생 : **정말 뭐라고 드릴 말씀이 없습니다. 다음부터는 이런 실수가 없도록 하겠습니다.**

- 다음의 상황에서 위의 〈표현〉을 사용해 〈보기〉와 같이 사과하는 대화를 해 보십시오.

(1) 친구의 비밀을 다른 사람에게 말해 버려서 친구가 매우 기분 나빠한다.

(2) 아르바이트 하는 가게에서 주문을 잘못 받아서 가게 주인이 화가 났다.

(3) 수업을 하고 있는 교실에 늦게 들어가 수업에 방해를 끼쳐서 수업 후 교수님께 사과한다.

02 대응하기

어휘와 표현

뭘요. 그럴 수도 있지요. 괜찮아요. 신경 쓰지 마세요.
오히려 제가 미안한데요. 뭐 그런 일을 가지고 그러세요.
어쩔 수 없는 일이잖아요.

보기

친구1 : 늦어서 정말 미안해. 나 때문에 다들 출발을 못하고...
친구2 : **그럴 수도 있지 뭐.**
친구1 : 그래도 내가 너무 미안해서 안 되겠어. 오늘 저녁은 내가 살게.
친구2 : 우리가 10명도 넘는데 네가 밥을 사겠다고? 그러면 **오히려 우리가 미안한데...**

● 다음의 상황에서 위의 〈표현〉을 사용해 〈보기〉와 같이 사과와 그에 대해 대응하는 대화를 해 보십시오.

(1) 내가 아끼는 책을 잃어버린 것에 대해서 친구가 사과한다.

(2) 같이 행사 준비를 하는 후배가 행사에 쓸 중요한 물건을 잃어버린 것에 대해서 사과한다.

(3) 나의 비밀을 다른 친구에게 말한 것에 대해서 친구가 사과한다.

과제 사과하기와 대응하기

보기

친구 1 : 아까 내가 한 말 때문에 화 많이 났지? 나는 네가 너무 편해서 그런 농담을 했는데 생각해 보니까 내가 잘못한 것 같아. 정말 미안해.
친구 2 : 아무리 우리가 친한 사이라고 해도 그런 농담은 좀 심했어.
친구 1 : 정말 미안해. 입이 열 개라도 할 말이 없다.
친구 2 : 네가 이렇게 사과를 하니까 기분이 좀 풀린다.
친구 1 : 다음부터는 절대로 이런 일이 없을 거야. 약속할게
친구 2 : 알았어. 이제 괜찮으니까 신경 쓰지 마.
친구 1 : 그래도 그냥 넘어갈 수는 없지. 오늘 내가 너 먹고 싶은 거 다 사 줄게.
친구 2 : 아니야. 괜찮아. 그러면 오히려 내가 미안하잖아.

- 다음의 상황에서 하나를 골라 친구와 역할을 정해 〈보기〉와 같이 대화를 해 보십시오.

(1) 친구의 노트북을 빌려서 쓰다가 친구가 쓰던 보고서를 삭제해 버려서 친구가 보고서를 제 시간에 낼 수 없게 됐다.

(2) 세미나에서 특강을 하실 교수님께 시간을 잘못 알려드려서 교수님이 세미나에 늦으셨고 세미나 진행이 제대로 안됐다.

(3) 공항에서 확인도 안 하고 다른 사람의 가방을 가지고 집에 와 버려서 가방이 바뀐 사람이 전화를 해 화를 냈다.

정리해 봅시다

여러분은 어떤 사과를 받았을 때 화가 풀렸습니까?
또 사과를 들어도 화가 안 풀렸던 적은 언제였습니까?

05 부탁과 거절

학/습/목/표 다양한 상황에서 적절하게 부탁을 하고 거절할 수 있다.

준비해 봅시다 05

◎ 듣고 질문에 대답하십시오.

1. 여자는 무슨 부탁을 합니까? ( )

❶ 추천서를 써 달라는 부탁
❷ 외국으로 보내 달라는 부탁
❸ 외국어를 가르쳐 달라는 부탁
❹ 일자리를 추천해 달라는 부탁

2. 남자가 여자의 부탁을 들어주지 <u>않는</u> 이유는 무엇입니까? ( )

❶ 여자의 성적이 부족하기 때문에
❷ 다른 교수님들이 반대하기 때문에
❸ 4학년 학생들에게 먼저 기회를 주려고
❹ 이미 4학년 학생의 부탁을 들어 주어서

3. 여러분이 여자라면 어떻게 부탁하겠습니까?

말해 봅시다

01 부탁하기

어휘와 표현

선생님 부탁드릴 것이 있습니다
죄송하지만 혹시 –어 주시겠어요?
실례지만 – 좀 부탁드려도 될까요?
미안하지만 –어 줄 수 있니?
바쁘시겠지만/죄송하지만 혹시 –어 주실 수 있으신가 해서요

보기

친구 : 영수야. **부탁이 있어.**
영수 : 응, 무슨 부탁인데?
친구 : 경제학 시간에 공책 필기한 것 좀 **빌려 줄 수 있니?**
영수 : 너도 필기한 것 있잖아. 네 것하고 별로 차이가 없을 텐데..
친구 : 그래도 너는 꼼꼼하게 필기를 잘 하잖아. 내가 빠진 게 없는지 점검하고 돌려줄 테니 좀 빌려 줬으면 해.
영수 : 알았어. 오늘은 공책을 안 가지고 왔으니까 내일 빌려 줄게.

- 다음의 상황에서 위의 〈표현〉을 사용해 〈보기〉와 같이 부탁을 하는 대화를 해 보십시오.

(1) 극장에서 모르는 사람과 좌석을 바꾸고 싶을 때

(2) 친구에게 교통비를 빌릴 때

(3) 교수님께 보고서 제출 날짜를 미루어 달라고 할 때

02 거절하기

어휘와 표현

좀 어려울 것 같습니다.
이번에는 힘들 것 같아요.
–는데 어떻게 하지요?
안 될 것 같습니다.
요즘 –느라고 –어서 좀 힘들 것 같습니다
도와드리고는 싶지만

보기

친구 : 미선 씨, 부탁드릴 게 하나 있는데요.
미선 : 어떤 부탁인데요?
친구 : 정말 죄송하지만 혹시 이번 발표 순서를 바꿔 주실 수 있으세요? 제가 주말에 고향에서 친구가 와서 준비할 시간이 없을것 같아서요.
미선 : **어떻게 하지요?** 바꿔 드리고 싶지만 저도 그날밖에 안 돼서 **좀 힘들 것 같은데요.**

- 다음의 상황에서 위의 〈표현〉을 사용해 〈보기〉와 같이 거절을 하는 대화를 해 보십시오.

(1) 친구가 어려운 번역을 해 달라고 할 때

(2) 선배가 중국어(영어, 일어)를 가르쳐 달라고 할 때

(3) 후배가 새로 산 카메라를 빌려 달라고 할 때

과제 부탁하고 거절하기

보기

친구 : 민호야. 부탁할 게 하나 있는데..
민호 : 뭔데?
친구 : 미안하지만 너 한 50만 원 정도 빌려줄 수 있니?
민호 : 50만원?
친구 : 응.

민호 : 글쎄, 평소 같았으면 있었는데 내가 요즘 뭐 쓰는 데가 있어서 통장에 돈이 별로 없는데 어떻게 하지?

친구 : 다음 주 월요일 정도까지 빌려줄 수 없을까? 이번에 등록금을 내야하는데 50만 원 정도가 부족해. 아르바이트로 금방 갚을 수 있는데….

민호 : 어떻게 하냐? 빌려 주고는 싶은데 나도 지금 형편이 좋지 않아서 좀 힘들 것 같은데…. 은행에서 현금 서비스를 받으면 안될까?

친구 : 벌써 현금 서비스 받은 게 있어서 좀 어려워.

민호 : 아무튼 나도 방법을 찾아 볼 테니까 너도 다른 곳에 좀 더 알아 봐.

● 다음의 상황에서 하나를 골라 친구와 역할을 정해 〈보기〉와 같이 대화를 해 보십시오.

(1) 동아리에서 이번에 신입생 환영회를 한다. 아주 중요한 모임이라서 준비할 것이 많은데 일손이 부족하다. 선배인 민성이 후배인 주리에게 주말에 나와서 모임 준비를 도와 달라고 한다. 그런데 주리는 주말에 중요한 약속이 있다.

(2) 동원과 주연은 별로 친하지 않은 친구 사이이다. 주연이 동원에게 노트북 컴퓨터를 빌려 달라고 한다. 이번 수학여행을 갈 때 가는 곳마다 자료 정리를 해야 하는데 주변에 노트북 컴퓨터를 가진 사람이 없다는 것이다. 그런데 동원은 산 지 얼마 되지 않은 노트북 컴퓨터이기 때문에 사실 별로 빌려주고 싶지 않다.

(3) 웨이가 민호에게 이사를 도와 달라고 한다. 웨이는 여러 번 이사를 했는데 그 때마다 이사를 도와달라고 한다. 웨이는 유학생이라서 용돈이 항상 부족한데 이삿짐을 나르는 회사에 전화를 하면 돈이 많이 들기 때문이다. 사실 민호는 웨이를 위해 몇 번 이사하는 일을 도와 줬는데 너무 힘이 들었고 이사가 끝난 후 몸이 아팠다.

정리해 봅시다

친구가 나의 어려운 부탁을 들어 준 경험이 있다면 이야기해 봅시다.

06 서비스센터

학/습/목/표 서비스와 관련된 문제를 제기하고 개선을 요구할 수 있다.

준비해 봅시다 06

◎ 듣고 질문에 대답하십시오.

1. 이 사람은 왜 전화를 걸었습니까? (　　)

❶ 구매하려고　　❷ 환불하려고
❸ 반품하려고　　❹ 수리를 요청하려고

2. 들은 내용과 <u>다른</u> 것을 고르십시오. (　　)

❶ 손님이 휴대폰을 떨어뜨려서 고장이 났다.
❷ 휴대폰을 떨어뜨리면 액정화면이 잘 나오지 않는다.
❸ 휴대폰의 소리가 자주 끊기기 때문에 통화하기 어렵다.
❹ 휴대폰을 산 지 1년이 지나지 않았으면 무상 수리를 받을 수 있다.

3. 여러분도 물건에 문제가 있어서 AS를 받은 적이 있습니까? 어떤 물건이었습니까?

말해 봅시다

01 상황 설명하기

어휘와 표현

–이고　　–인데　　–어서

(1) 물건

보기

제품명	컴퓨터
모델명	M23262–PM
구입날짜	1년 전
제조사	연세전자
가격	130만원

가: 어떤 상품을 구입하셨습니까?

나: 1년 전에 구입한 컴퓨터입니다. 연세전자에서 만든 **제품이고** 모델명은 M23262-PM입니다. 가격은 130**만원인데**, 교내 학생회관에 있는 전자제품 매장에서 구입하였습니다.

- 〈보기〉와 같이 구입한 물건을 설명해 봅시다.

보기

제품명: 노트북 컴퓨터
모델명: NT–R530–JA42
구입날짜: 2007년 6월 구입
제조사: 가나전자
가격: 1,350,000원

제품명: 냉장고
모델명: SR–S756YWN
구입날짜 : 2006년 11월 구입
제조사: 한국전자
가격: 1,780,000원

제품명: 운동화
모델명: TRS–10
구입날짜: 1주일 전
제조사: 가나스포츠
가격: 75,000원

(2) 시설

보기

가 : 기숙사 이용 도우미입니다.

나 : 기숙사시설에 불편이 **있어서** 말씀드리고 싶습니다.

가 : 네, 무엇을 도와드릴까요?

● 위의 표현을 사용해 〈보기〉와 같이 시설을 설명해 봅시다.

보기

〈헬스장〉

〈도서관〉

〈휴게실〉

02 문제점 설명하기

어휘와 표현

–는 데다가　　–고 게다가　　–기도 합니다

(1) 물건

보기

새로 구입한 노트북의 부팅이 제대로 되지 않는다 / 소음도 심하다 / 액정 화면이 깨져서 나온다

상담원 : 구입하신 제품에 어떤 문제가 있습니까?

고　객 : 노트북 컴퓨터의 부팅이 제대로 **되지 않는 데다가** 소음도 심합니다.

상담원 : 다른 문제는 없습니까?

고　객 : 그리고 액정화면이 깨져서 **나오기도 합니다**.

상담원 : 혹시 물건에 충격을 주거나 떨어뜨린 일이 있습니까?

고　객 : 아니요, 그런 적이 없습니다.

- 위의 〈표현〉을 사용해 〈보기〉와 같이 물건의 문제점을 설명해 보십시오.

(1) 새로 산 MP3의 소리가 끊긴다 / 소리가 선명하게 들리지 않는다 / 소음이 심하다

(2) 전자 사전의 액정화면이 흐릿해서 내용을 알아 볼 수가 없다 / 속도가 느리다 / 부팅하는 데 시간이 많이 걸린다

(3) 인터넷 쇼핑으로 산 게임기의 색상이 광고와 다르다 / 게임 기능이 다양하지 않다 / 이상한 소리가 난다

(2) 시설

보기

샤워실의 수압이 낮아서 온수가 잘 나오지 않는다 / 아예 나오지 않는 경우도 있다/ 샤워 중에 물이 끊기기도 한다

도우미 : 어떤 문제가 있습니까?
학　생 : 샤워실의 수압이 낮아서 온수가 잘 **나오지 않고 게다가** 아예 나오지 않는 경우도 있습니다. 그래서 차가운 물로 샤워를 하는 경우도 있습니다.
도우미 : 다른 문제는 없습니까?
학　생 : 어떤 때는 샤워 중에 물이 **끊기기도 합니다**.
도우미 : 그런 일이 자주 있습니까?
학　생 : 네, 자주 일어나는 편입니다.

● 위의 〈표현〉을 사용해 〈보기〉와 같이 시설 사용 시 불편한 점을 설명해 보십시오.

(1) 기숙사 로비의 전등이 약하다 / 방음이 안 되어 옆방의 소리가 너무 크게 들린다 / 수돗물이 끊긴다

(2) 도서관의 검색시스템의 속도가 느리다 / 접속이 끊긴다 / 자주 작동을 멈춘다

(3) 헬스장의 예약이 안 되어 오래 기다려야 한다 /운동기구가 다양하지 않다 / 운동기구가 자주 고장이 난다

03 요구사항 전달하기

어휘와 표현

–었으면 합니다　　　–어 주시기 바랍니다

–든지/–든가

(1) 물건

보기

새 제품으로 교환하다 / 새 모델로 교환하다 / 환불해 주다

나 : 새 제품으로 **교환을 했으면 합니다.**

가 : 먼저 수리를 받으셔야 합니다. 수리가 안 될 경우에만 교환이 가능합니다.

나 : 그럼, 수리가 안 될 경우에 새로운 모델로 **교환해 주든가** 환불을 **해 주시기 바랍니다.**

- 위의 〈표현〉을 사용해 〈보기〉와 같이 요구사항을 이야기해 보십시오.

(1) 새 제품으로 교환한다 / 다른 모델로 교환한다 / 환불한다

(2) 반품하고 환불한다 / 새 제품으로 교환한다 / 환불한다

(3) 무상 수리를 한다 / 새 모델로 교환한다 / 포인트 적립으로 피해를 보상한다

(2) 시설

보기

온수시설을 수리한다 / 수영장 샤워시설을 이용하게 해 준다 /
다른 시설을 쓸 수 있게 해 준다

나 : 온수 시설을 수리**했으면 합니다**.

가 : 네, 학교에 연락을 해서 학생들의 요구사항을 잘 전달하겠습니다.

나 : 그럼, 온수시설이 빨리 수리가 안 되는 경우에는 수영장 샤워시설을 **이용하게 해 주든지** 다른 시설을 쓸 수 있게 해 **주시기 바랍니다**.

- 위의 〈표현〉을 사용해 〈보기〉와 같이 개선점을 요구해 보십시오.

(1) 온수 사용 시간을 연장한다 / 공동 샤워시설을 이용하게 해 준다 / 아침과 저녁에 헬스장의 샤워시설 이용을 허용한다

(2) 도서관의 검색시스템을 정비한다 / 시스템 장애 시 빨리 복구한다 / 다른 건물에 검색 장치를 설치한다

(3) 교내 헬스장 예약 시스템을 개발한다 / 운동기구를 자주 점검한다 / 운동기구를 더 많이 설치한다

과제 불만과 요구사항 말하기

(1) 물건

보기

설명	상담원 : 가나전자 고객만족센터입니다. 무엇을 도와 드릴까요? 고　객 : 지난달에 노트북 컴퓨터를 구입했는데 문제가 좀 있어서 전화했습니다. 기종은 MEZ259248이고, 인터넷으로 구입했습니다.
문제점	상담원 : 구입하신 제품에 어떤 문제가 있습니까? 고　객 : 며칠 전부터 부팅 속도가 느려진 데다가 인터넷에 접속이 잘 안 돼요. 가끔 액정화면이 까맣게 변하기도 하고요. 상담원 : 혹시 바이러스에 감염되었는지 백신프로그램으로 점검해 보셨습니까? 고　객 : 네, 그런데 아무런 문제가 없었는데요.
요구사항	고　객 : AS를 받을 수 있나요? 상담원 : 구입하신 지 1년이 안 되었으므로 무상 수리를 받으실 수 있습니다. 고객님이 계신 곳의 가까운 대리점에 가져가시면 됩니다. 고　객 : 수리가 안 될 경우에는 새 제품으로 교환하든가 환불을 받을 수 있나요? 상담원 : 네, 고객님. 수리를 받으신 후에도 같은 문제가 발생하면 교환해 드리도록 하겠습니다.

● 다음의 상황 중 하나를 골라 친구와 역할을 정해 〈보기〉와 같이 대화를 해 보십시오.

(1) 인터넷으로 가방을 샀다. 제품에 흠집이 있고, 디자인과 색상이 광고에 나온 것과 다르다.

(2) 학생회관에서 외장하드를 샀다. 연결잭으로 연결이 안 되고, 접속에 문제가 있다.

(3) 백화점 매장에서 MP3를 샀다. 소리가 선명하지 않고, 자주 끊긴다.

(2) 시설

보기

시설	도우미 : 기숙사 이용 도우미입니다. 무엇을 도와드릴까요? 학　생 : 기숙사 이용에 불편한 점이 있어서 전화를 했습니다.
문제점	도우미 : 어떤 점이 불편하신가요? 학　생 : 기숙사에 입주한 지 2주일 되었는데, 기숙사 지하의 헬스장 이용 시간이 너무 짧아서 불편합니다. 게다가 운동기구도 충분하지 않아서 운동을 하려면 많이 기다려야 합니다.
요구사항	도우미 : 아, 그렇습니까? 부족한 운동기구는 새로 구입할 예정입니다. 그런데 어떤 시간에 이용하기를 원하십니까? 학　생 : 지금은 오전 7시부터–9시까지로 되어 있는데, 새벽이나 밤늦게 운동을 하는 학생들을 위해서 시간을 연장해 주시기 바랍니다. 도우미 : 학생 여러분의 의견이 모아지면 학교에 건의하도록 하겠습니다. 학　생 : 감사합니다.

● 다음의 상황 중에서 하나를 골라 친구와 역할을 정해 〈보기〉와 같이 대화를 해 보십시오.

(1) 기숙사 비상계단의 등이 너무 어둡다 / 조명을 좀 더 밝게 했으면 좋겠다.

(2) 교내 서점의 폐점시간이 너무 이르다 / 저녁 7시까지 영업을 했으면 좋겠다.

(3) 헬스장 개방 시간이 너무 짧다 / 오전 6시부터 오후 11시까지 열었으면 좋겠다.

정리해 봅시다

여러분 나라에서 AS를 잘 해주는 회사가 있습니까? 그 회사에서 어떤 물건을 어느 정도까지 AS를 받을 수가 있습니까?

07 변화

학/습/목/표 개인적, 사회적 변화에 대해 설명할 수 있다.

준비해 봅시다 07

◎ 듣고 질문에 대답하십시오.

1. 무엇에 대해 이야기하고 있습니까? (   )

❶ IT 기술의 발전 ❷ 편지의 역사
❸ 휴대폰 기술 ❹ 신문의 변화

2. 대화에서 아직 개발되지 않은 제품은 무엇이라고 합니까? (   )

❶ 스마트폰 ❷ 노트북컴퓨터
❸ 전자종이 ❹ 휴대용 전자책

3. 앞으로 어떤 새로운 기술이 나올지 상상해서 이야기해 봅시다.

말해 봅시다

01 자신의 변화 이야기하기

어휘와 표현

–었던 것 같다　　–어지다　　–게 되다

보기

저는 아주 어렸을 때는 몸이 좀 약했어요. 그런데 지금은 등산도 하고 야외 활동을 많이 해서 그런지 옛날보다 더 건강해지고 **날씬해진 것** 같아요. 성격과 식성도 변했어요. 어렸을 때는 친구를 잘 못 **사귀는 편이었던 것 같은데** 지금은 새로운 친구를 쉽게 **사귀게 됐어요**. 또 옛날에는 햄버거나 스파게티 같은 음식들을 좋아했는데 요즘은 집에서 해 먹는 밥이 가장 맛있게 느껴집니다.

- 다음을 중심으로 위의 〈표현〉을 사용해 〈보기〉와 같이 자신의 변화에 대해 말해 보십시오.

외모,　성격,　식성,　취미,　생각

02 사회의 변화 이야기하기

어휘와 표현

–에 비해　　–만 해도

보기

요즘은 '노총각' '노처녀'에 대한 생각이 바뀐 것 같습니다. 저희 부모님이 젊으셨을 **때만 해도** 여자가 스물 다섯 살이 넘으면 노처녀, 남자가 스물 일곱 살이 넘으면 노총각으로 불리기 시작했다고 합니다. 또 결혼할 여자가 남자보다 나이가 많으면 부모님들이 결혼을 반대하기도 했다고 합니다. 하지만 요즘은 결혼하는 나이가 **예전에 비해** 많이 높아져서 노총각, 노처녀의 나이도 많이 올라갔습니다. 남자 연하 여자 연상 커플도 많아져서 사람들이 이런 현상을 아주 자연스럽게 받아들이게 된 것 같습니다.

● 다음에서 하나를 골라 위의 〈표현〉을 사용해 〈보기〉와 같이 사회의 변화에 대해 말해 보십시오.

결혼관,　경제,　과학,　인구,　가족,　남녀의 역할,　기타: ________

03 자료 보고 변화 이야기하기

어휘와 표현

늘다	줄다	올라가다	내려가다	증가하다
감소하다	높아지다	낮아지다	상승하다	하락하다

보기

국제결혼 현황

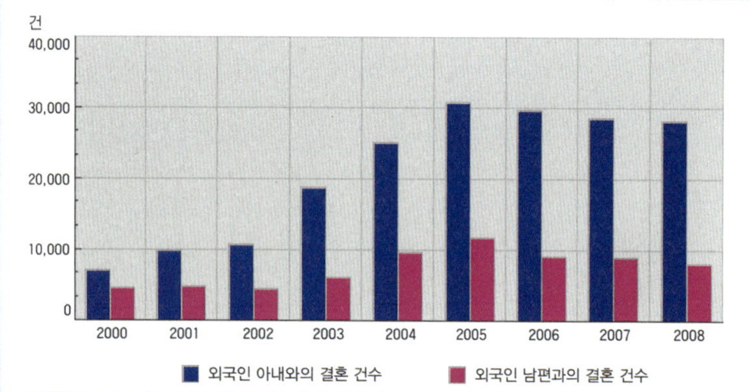

2000년 이후 국제결혼이 크게 **증가했습니다**. 2000년에는 한국 남성이 외국인 아내와 결혼한 건수는 7천 건 정도였는데 2005년에는 3만 건 이상까지 **증가했다가** 2008년에는 2만 9천 건 정도로 조금 **감소했습니다**. 한국 여성이 외국인 남편과 결혼한 건수는 2000년 5천 건 정도였다가 2005년 만 건 이상으로 **늘었습니다**. 2008년에는 8천여 건 정도로 2천 건 정도 **줄었습니다**.

이런 자료를 볼 때 한국에서 다문화가정이 많이 늘었다는 것을 알 수 있습니다. 한국 경제가 발전하면서 앞으로 다문화가정의 비율도 높아질 것이라고 봅니다. 정부에서는 이런 가정과 자녀들이 학교와 사회에서 어려움을 겪지 않도록 적극적으로 지원을 해 주어야 한다고 생각합니다.

● 위의 〈어휘〉를 사용해 〈보기〉와 같이 변화한 내용을 이야기하고 간단히 의견을 말해 보십시오.

(1) 교원수 · 학생수 현황

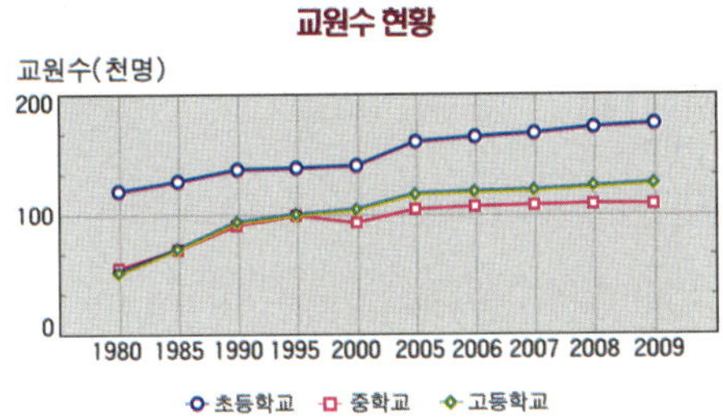

출처 : 한국교육개발원 「교육통계연보」

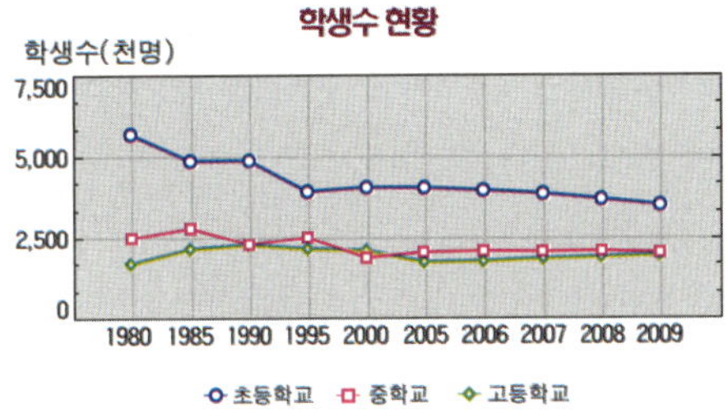

출처 : 한국교육개발원 「교육통계연보」

(2) 한국 방문 관광객 수

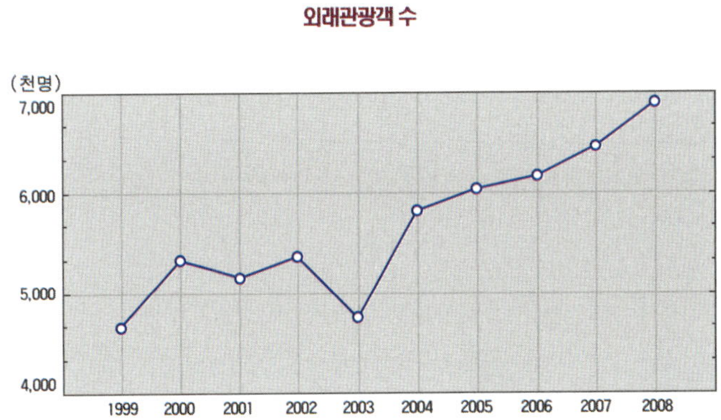

출처 : 한국관광공사 「외래객 입국」

(3) 농가 수 및 농가인구

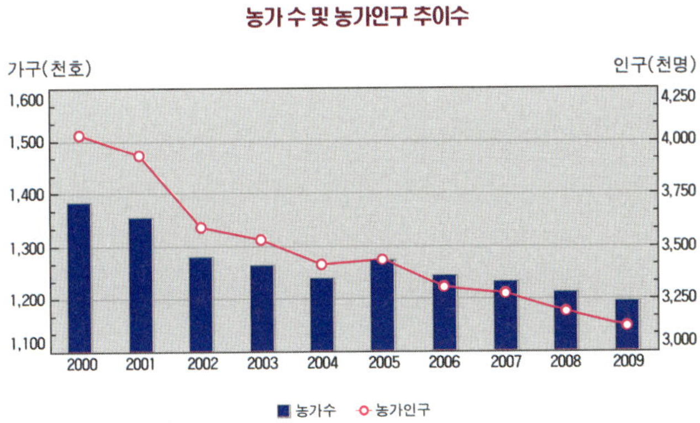

출처 : 통계청 『농(어)업 조사』 『농(어)업총조사』('00년, '05년)

과제 변화 이야기하기

보기

한국 사회 경제 50여년간 변화 모습

			2008년
국토면적	1949년 93,634 km²	→	99,828 km² (여의도 730배)
소비자물가	1965년 3.5	*31.3배* →	109.7
1인당국민소득	1970년 254달러	*75.7배* →	19,231달러
출산율	1960년 6명	→	1.19명
자장면값	1965년 35원	*108배* →	3,773원
전국평균기온	1970년대 12.2℃	→	13.1℃

자료/통계청

- 위의 자료를 보고 변화한 내용을 이야기하고 의견을 말해 보십시오.

정리해 봅시다

변해서 좋은 것은 무엇이고, 변해서 안 좋은 것은 무엇인지 써 보고 옆 친구와 이야기해 봅시다.

변해서 좋은 것	
변해서 안 좋은 것	

08 인터넷

학/습/목/표 인터넷 사용에 대해 주장하고 토론할 수 있다.

준비해 봅시다 08

◎ 듣고 질문에 대답하십시오.

1. 두 사람은 무엇에 대해 토론하고 있습니까? (　　)

❶ 인터넷의 발전　　❷ 인터넷 실명제
❸ 연예인 자살 문제　　❹ 정부 비판 방법

2. 남자의 의견에는 '남', 여자의 의견에는 '여'라고 쓰십시오

(1) 인터넷 실명제를 실시하면 악플이 줄어들 것이다. (　　)

(2) 시간이 지나면 악플 문제가 어느 정도 해결될 것이다. (　　)

(3) 자유롭게 생각을 표현하지 못하면 더 큰 사회 문제가 생길 것이다. (　　)

3. 여러분은 남자와 여자 중에서 누구의 의견에 동의합니까?

말해 봅시다

01 의견 말하기

어휘와 표현

–에 대해 찬성(반대)합니다　　–으려면 –어야 합니다

–을 수 있습니다　　–기 때문에 –을 거라고 생각합니다

보기

입장 표명	**토론자 1** 저는 인터넷 실명제[1] **실시에 대해 찬성합니다.**
문제점 분석	최근에 연예인 정미실 씨는 인터넷 악플로 상처를 받고 괴로워하다가 자살을 했습니다. 또 김연희 씨는 사실이 아닌 글을 올린 네티즌을 명예훼손으로 경찰에 고소했습니다. 인터넷에 이름을 숨기고 글을 올리게 되면 이렇게 무책임한 악플로 남에게 큰 상처를 **줄 수 있습니다.**
주장	이런 문제점들을 **해결하려면** 인터넷 실명제를 **실시해야 합니다.** 인터넷 실명제를 실시하면 책임감을 가지고 글을 올리게 되고 또 심한 경우 처벌을 받을 수 **있기 때문에** 악플이 **감소할 거라고 생각합니다.**

● 위의 〈표현〉을 사용해 블로그, 미니홈피 저작물 게재 단속[2]에 대해서 다음을 참고하여 의견을 말해 보십시오.

---

1) 인터넷 실명제란 하루 평균 방문자수가 10만 명 이상인 인터넷 포털 사이트 게시판에 이용자가 글을 올리려면 그 사이트가 실시하는 본인 확인 절차를 거치도록 하는 제도를 말한다.

2) 블로그나 홈페이지에 음악, 동영상, 가사, 유명인의 사진 등을 올릴 때는 그 저작물을 만든 사람의 허락을 받거나 비용을 지불해야 하며 그러지 않을 경우 불법행위가 되기 때문에 벌금을 내야 한다.

〈블로그, 미니홈피 저작물 게재 단속 찬성 입장〉

- 저작물을 만든 사람들의 노력을 존중해야 한다.
- 예술인들의 수익을 보장해야 그 사회의 문화와 예술이 발전한다.
- 미래는 감성의 시대, 아이디어의 시대이다. 창작 능력과 창작물이 곧 돈이다.

〈블로그, 미니홈피 저작물 게재 단속 반대 입장〉

- 블로그 문화를 죽인다.
- 인터넷의 본질은 다양한 정보를 자유롭게 나누면서 문화 콘텐츠를 발전시키는 것이다.
- 인터넷에서 음악, 동영상 등의 이용자는 대부분 청소년들인데 이들에게 돈을 내게 하거나 이용하지 못하게 하면 안 된다.
- 무료로 쉽게 음악을 들으면 오히려 홍보 효과가 있어 인기가 높아지고 CD 판매나 노래방을 통해 돈을 벌게 될 것이다.

02 반박하기와 반박에 대해 변론하기

어휘와 표현

–는다고 하셨지만　–에 의하면
–는 건 아닐까요?　–는다고 해서 –는 건 아닙니다.　–지 않습니까?

보기

반박	**토론자 2** 실명제를 실시하면 악플이 **줄어든다고 하셨지만** 구체적인 통계 자료가 없는 것으로 알고 있는데요.
변론	**토론자 1** 제가 조사한 **자료에 의하면** 악플이 16%에서 14%로 줄었고 심한 욕설 등 심각한 악성댓글의 비중은 9%에서 6.7%로 감소했다고 합니다.
반박	**토론자 2** 그렇지만 실명제 이후 전체 댓글만 감소했다는 결과도 있습니다. 정말 실명제로 악플이 감소되는지는 더 기다려 봐야 알 수 있다고 봅니다. 혹시 감소한다고 해도 표현의 자유가 제한된다면 그것이 더 심각한 문제가 **되는 건 아닐까요**?
변론	**토론자 1** 실명제를 **실시한다고 해서** 인터넷에 자기 생각을 표현하는 자유가 **없어지는 건 아닙니다**. 자신의 이름으로 정부나 대기업, 힘이 있는 신문사 등 사회의 힘있는 집단들을 비판하는 사람들이 많습니다. 정부나 신문사에도 게시판을 두고 비판 의견들을 받아들이고 **있지 않습니까**?

- 두 팀으로 나누어 위의 〈표현〉을 사용해 〈보기〉와 같이 블로그, 미니홈피의 저작물 게재 단속에 대해 반박하고 변론해 보십시오.

03 정리하기

어휘와 표현

–는다고 하셨습니다만　　–는다고 생각합니다

–을 것입니다

보기

상대방의 반박 요약	토론자1 실명제를 반대하시는 쪽에서는 생각을 자유롭게 표현하지 못하게 되는 것이 가장 큰 **문제라고 하셨습니다만**
부정/보완점 제시	생각을 표현하는 방법은 인터넷 게시판 외에도 여러 가지 방법이 **있다고 생각합니다**. 그것보다 깨끗한 인터넷 문화를 만드는 것이 더 중요한 문제라고 생각합니다.
정리	실명제를 실시하면 깨끗하고 건강한 인터넷 문화를 만들어 가는 데에 도움이 **될 것입니다**.

- 위의 〈어휘와 표현〉을 사용해 〈보기〉와 같이 블로그, 미니홈피의 저작물 게재 단속에 대해 자신의 의견을 정리해 보십시오.

과제 토론하기

- 청소년의 통신 언어[3] 사용에 대해서 다음을 참고하여 찬성, 반대 두 팀으로 나누어 토론해 보십시오.

〈통신 언어 사용 찬성 의견〉

- 통신 언어는 빨리 의사를 표현하고 느낌을 잘 전달한다.
- 청소년만의 문화를 만들고 서로 친밀감을 느끼기 위한 것이다.
- 청소년들은 인터넷 언어와 실제 세계의 언어를 구분해서 사용할 능력이 있다.

〈통신 언어 사용 반대 의견〉

- 한국어의 문법을 파괴한다.
- 청소년과 어른 사이에 생각이 달라져서 서로 이해하기 어려워진다.
- 새 단어를 규칙 없이 너무 많이 만들어 써서 인터넷을 많이 사용하지 않는 사람들과 의사소통하기가 어려워진다.
- 언어가 청소년의 생각에도 영향을 미쳐서 생각이 단순해진다.

정리해 봅시다

인터넷과 관련된 문제점들에 대해 이야기해 봅시다.

3) 요즘 청소년들은 인터넷, 채팅, 이메일, 문자 메시지 등에서 한글 맞춤법에 맞지 않는 글자를 쓰거나(글케 해), 소리나는 대로 적거나(조아 조아), 이모티콘을 사용하거나(^^, V), 자모 조합 규칙에 맞지 않는 글자를 쓰거나(ㅋㅋ, 뷁), 신조어를 만들거나(먹튀, 고딩) 하는데 이를 통신 언어라 할 수 있다.

09 대중문화

학/습/목/표 전문가와 인터뷰할 수 있다.

준비해 봅시다

09

◎ 듣고 질문에 대답하십시오.

1. 어떤 종류의 대화입니까? (　　)

❶ 면접　　❷ 상담
❸ 인터뷰　　❹ 설명

2. 들은 내용과 다른 것을 고르십시오. (　　)

❶ 사물놀이는 한국의 전통음악이다.
❷ 외국 사람들도 사물놀이를 좋아한다.
❸ 사물놀이는 네 개의 악기로 연주한다.
❹ 사람들은 전통 음악에 별로 관심이 없었다.

3. 인터뷰 해보고 싶은 사람이 있습니까? 그 사람에게 무슨 질문을 하고 싶습니까?

말해 봅시다

01 시작하기

어휘와 표현

________선생님, 처음 뵙겠습니다.

선생님의 작품(공연)에 대해서 몇 가지 질문 드리고자 합니다.

선생님의 작품(공연)에 대해서 여쭤보고 싶은 것이 있습니다.

보기

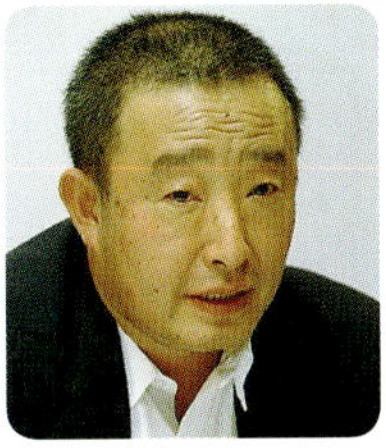

백남준(1932-2006) : 전위예술가

기자 : 백남준 선생님, **처음 뵙겠습니다.** 이렇게 만나 뵙게 되어서 기쁩니다. 오늘은 **선생님의 작품에 대해서 몇 가지 질문을 드리고자 합니다.**

- 다음 중 한 명을 골라 위의 〈표현〉을 이용하여 〈보기〉와 같이 인터뷰를 시작해 보십시오.

1.

보기

조지 오웰(1903-1950)

영국 소설가. 집단주의, 전체주의를 풍자한 소설『동물농장』, 『1984년』을 써서 현대사회를 비판하였다.

2.

보기

존 레논(1940-1980)

4인조 록그룹인 〈비틀스〉의 멤버로 세계적인 명성을 얻은 영국의 가수, 작곡가이자 평화 운동가이다. 레논은 "로큰롤 역사상 가장 인기있는 음악을 썼다"는 평가를 받는다. 레논은 또한 평화 운동과 화가로서의 작품으로 논란을 불러일으키기도 했다.

3.

보기

찰리 채플린 (1889 -1977)

영국의 희극배우 · 영화감독 · 제작자. 1914년 첫 영화를 발표한 이래 《황금광 시대》, 《모던 타임스》, 《위대한 독재자》 등 무성영화와 유성영화를 넘나들며 위대한 대작을 만들어냈다. 콧수염과 모닝코트 등의 이미지로 세계적인 인기를 얻었다.

02 설명 요구하기

어휘와 표현

선생님의 작품에 대해서 설명해 주시겠습니까?

작품에 대해서 어떻게 생각하십니까?

그 작품을 통해서 무엇을 표현하고 싶었습니까?

보기

백남준의 작품 『TV정원』은 미술관 안의 전시 공간에 식물을 이용한 숲을 만들고 그 속에 여러 대의 텔레비전을 배치하였다.

가 : 선생님의 **작품 『텔레비전 정원』에 대해서 설명을 해 주시겠습니까?**

나 : 이 작품은 미술관 안에 식물을 이용한 숲을 만들고 그 속에 여러 대의 텔레비전을 배치한 작품입니다.

● 다음 중 한 명을 골라서 위의 〈표현〉을 사용해 〈보기〉와 같이 작품에 대한 설명을 요구해 보십시오.

1. 조지 오웰의 소설 『1984년』은 독재 권력이 만들어낸 세계에 대해 비판하는 작품이다.

2. 존 레논의 노래 『Imagine』은 반전과 세계 평화에 대한 희망을 노래한 작품이다.

3. 찰리 채플린의 영화 『모던 타임즈』는 대중 사회에서 기계화된 인간의 모습을 비판한 작품이다.

03 동기나 이유 묻기

어휘와 표현

–에 관심을 갖게 된 동기가 궁금합니다.
이러한 작업을 하시게 된 동기는 무엇입니까?
이러한 작업을 하시게 된 동기에 대해서 말씀해 주시겠습니까?

보기

백남준은 텔레비전을 자연 속에 배치하여 자연과 문명의 조화를 표현하였다. 그가 이러한 작품을 만들게 된 동기는 기계문명과 인간의 공존 가능성을 표현하고자 한 것이었다.

기　자 : 선생님께서 **텔레비전을 작품에 활용하게 된 동기는 무엇입니까?**
백남준 : 텔레비전은 현대인의 생활에 꼭 필요한 물건이 되었지만 그것을 부정적으로 생각하는 사람이 많습니다. 저는 텔레비전을 활용해서 기술 문명과 인간의 공존을 표현해 보고 싶었습니다.

● 다음 중 한 명을 골라서 〈보기〉와 같이 작품을 만들게 된 이유나 동기에 대해 질문해 보십시오.

1. 조지 오웰의 소설 『1984』와 『동물농장』에서 권력에 의해 통제된 사회의 모습을 그려냈다. 그가 이런 작품을 쓴 동기는 현대사회를 지배하는 권력을 비판하고, 자유의 의미를 생각해 보고자 하는 것이었다.

2. 존 레논은 1969년 암스테르담의 호텔에서 7일간의 침대에 누운 채 '베드인' 퍼포먼스를 벌였다. 그가 이런 퍼포먼스를 하게 된 동기는 전위예술가인 부인 오노 요코를 만나면서 세계의 평화와 반전 운동에 관심을 갖게 된 것이었다.

3. 찰리 채플린은 『모던 타임즈』와 『라임 라이트』 등의 영화에서 현대 사회의 모습을 코메디로 보여주었다. 그가 이러한 영화를 만든 이유는 개성을 잃고 기계화되어 가는 현대인의 모습을 비판하기 위한 것이다.

04 작품(활동)의 의미에 대해서 묻기

어휘와 표현

선생님의 작품이 사회에 어떤 영향을 미쳤다고 생각하십니까?
선생님의 작품이 어떤 의미를 갖는다고 생각하십니까?

보기

백남준은 무대 위에서 피아노를 망치로 두들겨 부수고, 스승 존 케이지의 넥타이를 자르는 등의 퍼포먼스를 공연했다. 그의 예술은 대중예술과 고급예술의 경계를 깨뜨리고, 현대문명의 가능성에 대해서 생각해 볼 수 있도록 하였다.

기　자 : **선생님의 작품이 사회에 어떤 영향을 미쳤다고 생각하십니까?**

백남준 : 저는 무대에서 선생님의 넥타이를 자르거나, 피아노를 두들겨 부수는 퍼포먼스를 공연했습니다. 저의 퍼포먼스는 예술에 대한 일반적인 생각을 깨뜨리고 예술을 대중화했다고 생각합니다. 그리고 현대 문명의 가능성에 대해서도 생각할 수 있게 해 주었습니다.

● 다음 중 한 명을 골라서 위의 〈표현〉을 사용해 〈보기〉와 같이 작품(활동)의 의미에 대해 질문해 보십시오.

1. 조지 오웰은 소설 『1984』를 통해 인간의 자유가 사라진 사회에서 개인이 어떻게 저항하는가를 보여주었다. 그는 지난 1999년 영국 방송 BBC가 조사한 '지난 1천 년간 최고의 작가' 부문에서 셰익스피어, 제인 오스틴에 이어 3위에 뽑혔다. 그는 영문학에서 '오웰주의', '오웰주의자' 라는 뜻의 '오웰리즘(Orwellism)'이나 '오웰리안(Orwellian)'이라는 표현이 나올 정도로 큰 영향을 미쳤다.

2. 존 레논은 자신의 음악을 통해 전쟁이 사라진 평화로운 세상을 만들고자 노력하였다. 평화로운 세상을 노래한 그의 음악은 대중들에게 많은 영향을 미쳤다. 그는 20세기 후반의 대중 예술을 발전시킨 예술가로 인정받고 있다.

3. 찰리 채플린은 현대 사회의 물질 만능 주의와 인간 소외를 보여주었는데, 그의 영화는 현대 사회의 문제를 비판적으로 바라보는 영화에 많은 영향을 주었다. 이러한 비판적인 성향 때문에 미국에서 추방되기도 했지만, 1972년 미국의 아카데미는 그에게 공로상을 주었다.

과제 인터뷰하기

보기

시작하기	기 자 : 선생님, 처음 뵙겠습니다. 그동안 책으로만 보던 선생님을 뵙게 되어 무척 행복합니다. 백남준 : 어서 오세요. 만나서 반갑습니다. 기 자 : 선생님의 작품에 대해서 몇 가지 질문 드리고자 합니다. 백남준 : 궁금하신 것은 뭐든지 편하게 질문하세요. 기 자 : 선생님의 어린 시절은 어땠습니까? 백남준 : 어렸을 때부터 호기심이 많았던 것 같아요. 집안에 있는 물건들을 모두 해체해서 다시 만들어 보곤 했습니다. 그러다 어머니께 야단을 맞기도 했지요.
설명 요구하기	기 자 : 저는 개인적으로 선생님의 '텔레비전 정원' 이라는 작품이 인상적인데, 그 작품에 대해서 설명해 주시겠습니까? 백남준 : 텔레비전 정원은 미술관 내부의 전시 공간에 식물을 이용한 숲을 만들고 그 속에 다수의 텔레비전을 배치한 작품입니다. 저는 이 작품을 통해서 기술문명과 인간의 공존을 표현해 보고 싶었습니다.
동기나 이유 묻기	기 자 : 선생님은 텔레비전이나 컴퓨터를 이용해서 예술작품을 만드시는데, TV와 컴퓨터 등 정보매체에 관심을 갖게 된 동기는 무엇입니까? 백남준 : 현재 기술문명의 발전에 대해서 부정적인 생각을 가지고 있는 사람이 많습니다. 기술문명이 자연을 파괴한다고 생각하죠. 그렇지만 저는 기술문명과 자연이 떨어져있는 것이 아니라 하나가 되는 세계를 만들어 보고 싶었습니다. 그래서 텔레비전과 비디오 등의 매체를 이용해서 인간과 자연이 함께 살 수 있는 가능성을 찾아보고자 했던 것입니다.
작품의 의미 묻기	기 자 : 선생님의 예술작품이 현대 사회에 어떤 영향을 주었다고 생각하십니까? 백남준 : 고급예술과 대중예술의 경계를 파괴하고, 현대 문명의 가능성을 보여주었다고 생각합니다.
마무리	기 자 : 바쁘실 텐데 시간을 내 주셔서 감사합니다. 백남준 : 감사합니다.

● 다음 중 여러분이 인터뷰 하고 싶은 사람을 골라서, 〈보기〉와 같이 질문을 만들고 인터뷰해 보십시오.

보기

마이클 잭슨

미국의 대중 가수. 그는 음악의 장벽을 깼으며, 뮤직비디오를 대중음악의 중요한 요소 중 하나로 만들었으며, 남녀 노소 모든 세대가 아울러 음악을 들을 수 있게 만들었음. '가장 많은 앨범을 판 아티스트'로 기록.

스티븐 스필버그

미국의 영화감독. 그의 초기 SF, 어드벤처 영화는 현재 할리우드 블록버스터 영화 제작의 원형으로 꼽힘. 1993년 《쉰들러 리스트》와 1998년 《라이언 일병 구하기》로 아카데미상 감독상을 수상. '20세기의 가장 중요한 인물 100인'에 선정.

빅뱅

2006년에 결성된 대한민국의 남성 댄스 음악 그룹. 아카펠라를 댄스 음악에 접목시킨 음악세계를 보여줌. 일본과 중국 등 아시아 지역에서 인기가 많음.

인사	
도입 질문	
질문 1	
질문 2	
질문 3	
마무리	

정리해 봅시다

대중 문화인 중에서 인터뷰 하고 싶은 사람이 누구입니까? 무슨 질문을 하고 싶습니까?

10 건강

학/습/목/표 건강에 관한 조사 결과를 발표할 수 있다.

준비해 봅시다 10

◎ 듣고 질문에 대답하십시오.

1. 무엇에 대한 설문조사입니까? 다음의 표를 완성하십시오.

조사 내용	
조사 대상	
조사 방법	

2. 설문조사에서 어떤 질문을 했습니까?

(1) 자신이 건강하다고 생각하십니까?

(2) ______________________________

(3) ______________________________

3. 위의 질문 이외에 여러분이 하고 싶은 질문을 말해 보십시오.

말해 봅시다

01 기초 정보(주제, 대상, 방법) 밝히기

어휘와 표현

–에 대해서 설문조사를 실시했습니다

–을/를 대상으로 조사했습니다

보기

- 주　제　운동시간에 대한 설문
- 조사자　보건복지부
- 대　상　서울 거주 시민 2,000명
- 방　법　전화 인터뷰

- 보건복지부에서 서울 시민의 **운동시간에 대한 설문조사를 실시하였습니다**.
- 서울 시민 **2000명을 대상으로** 전화로 인터뷰를 했습니다.

● 위의 〈표현〉을 이용하여 〈보기〉와 같이 기초 정보를 말해 보십시오.

(1)
- 주　제　평균수명
- 조사자　통계청
- 방　법　설문조사
- 대　상　전 국민

(2)
- 주　제　패스트푸드 섭취
- 조사자　보건복지부
- 방　법　설문조사
- 대　상　전국 청소년 1,500명

(3)
- 주　제　평균 수면시간
- 조사자　서울시 교육청
- 방　법　인터넷 설문조사
- 대　상　서울 시내 중학생 2,000명

02 결과 말하기

어휘와 표현

–에 따르면	–에 의하면
–으로 나타났습니다.	–으로 보입니다.

보기

운동 시간에 대한 인터뷰 조사

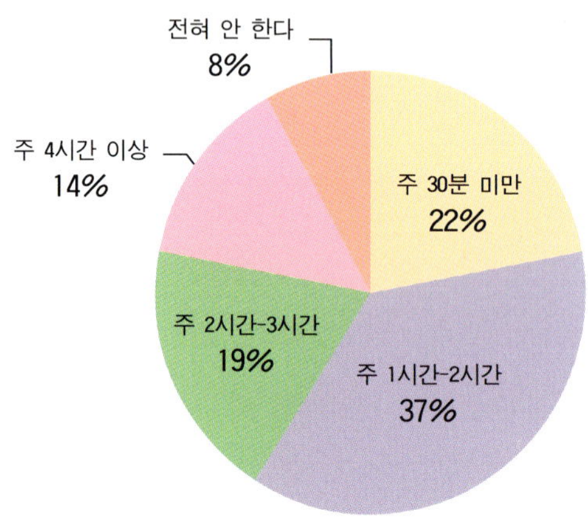

조사 기관 : 보건복지부

- 보건복지부 **조사 결과에 따르면** 일주일에 주 1시간-2시간 운동하는 사람은 37%**로 나타났습니다.**
- 또 이 **조사에 의하면** 서울 시민의 7.5%는 운동을 전혀 안 하는 **것으로 보입니다.**

● 위의 〈표현〉을 이용하여 〈보기〉와 같이 조사 결과를 말해 보십시오.

(1)

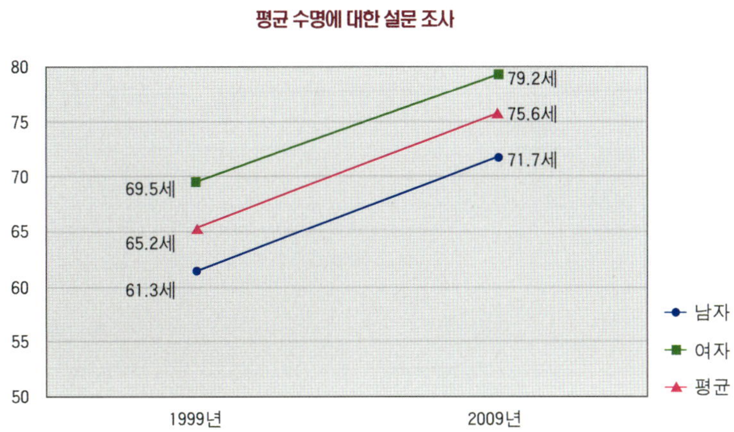

(2)

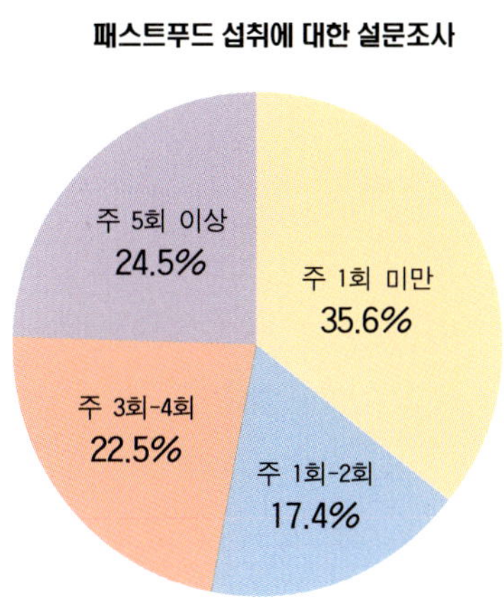

(3)

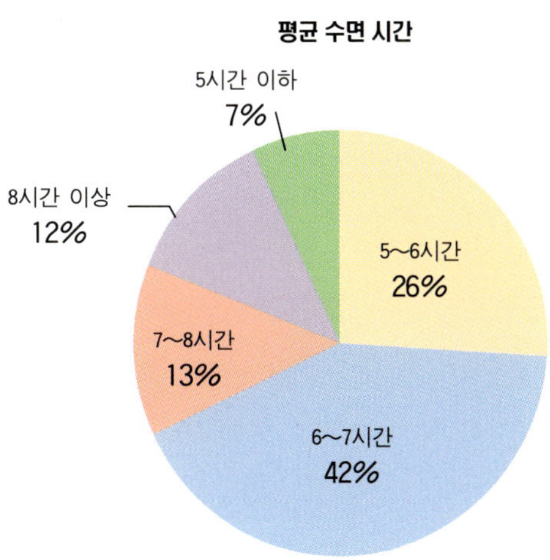

03 의견 말하기

어휘와 표현

–으로 보입니다　　–으로 판단됩니다　　–으로 생각됩니다

보기

운동 선호도

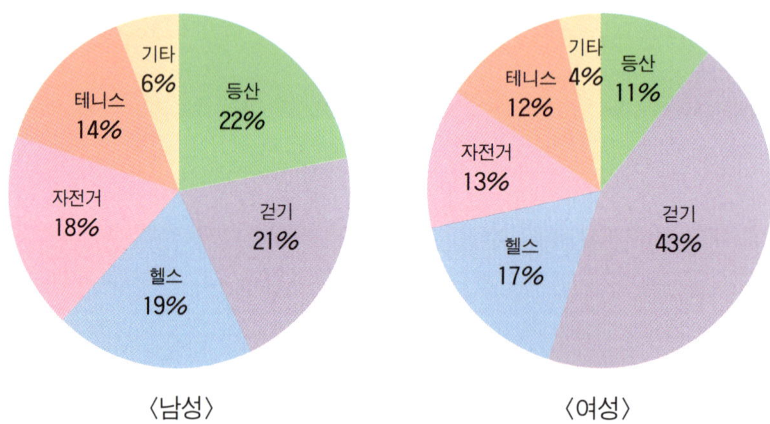

- 남성보다 여성이 걷기를 선호하는 **것으로 보입니다**.
- 등산을 좋아한다고 대답한 사람은 남성이 22%, 여성이 11%로, 남성이 여성보다 등산을 좋아하는 **것으로 생각됩니다**.

● 위의 <표현>을 사용하여 <보기>와 같이 의견을 말해 보십시오.

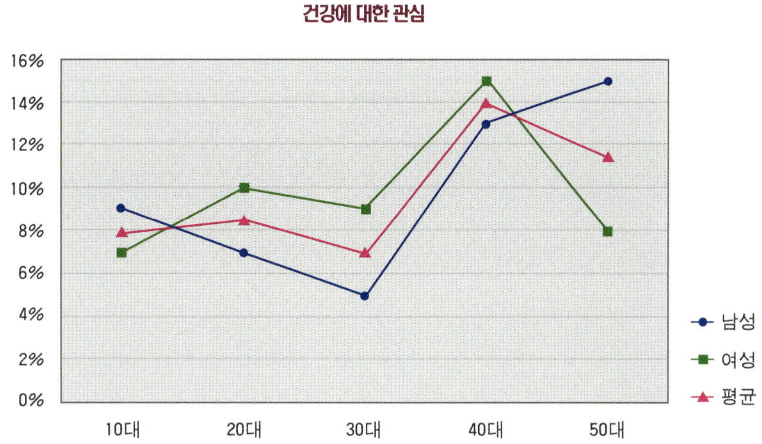

과제 조사 결과 발표하기

◎ 다음의 내용을 보고 설문조사 결과를 발표해 보십시오.

보기

■ 청소년 흡연에 대한 설문조사

- 조사기관 : 인천 YMCA
- 조사기간 : 2009년 9월 21일-11월 3일
- 조사대상 : 인천지역 흡연 청소년 434명
- 조사방법 : 면접 설문조사

■ 조사결과

담배 구입 장소

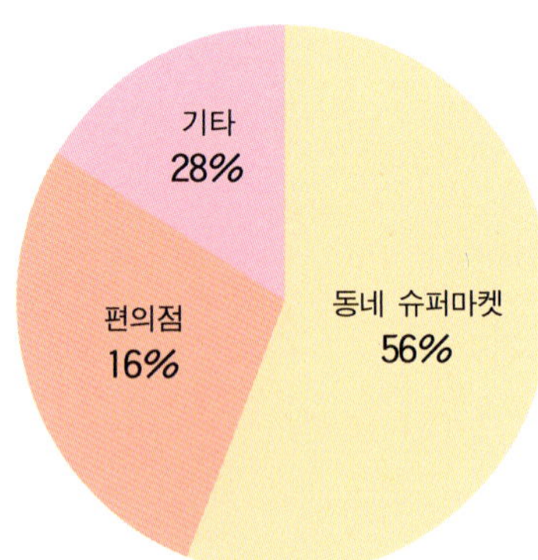

하루 평균 흡연량

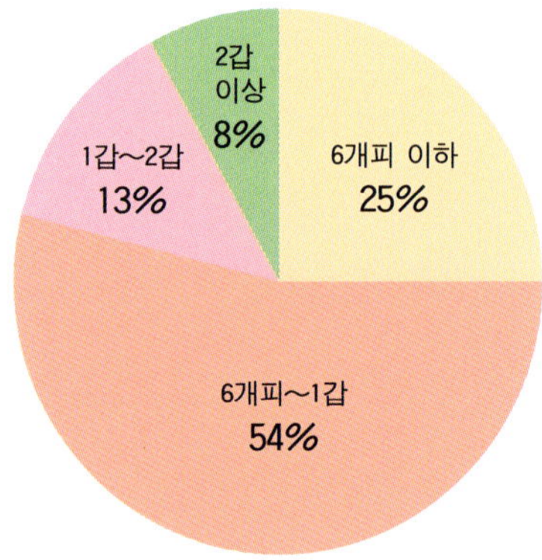

담배 구입 방법

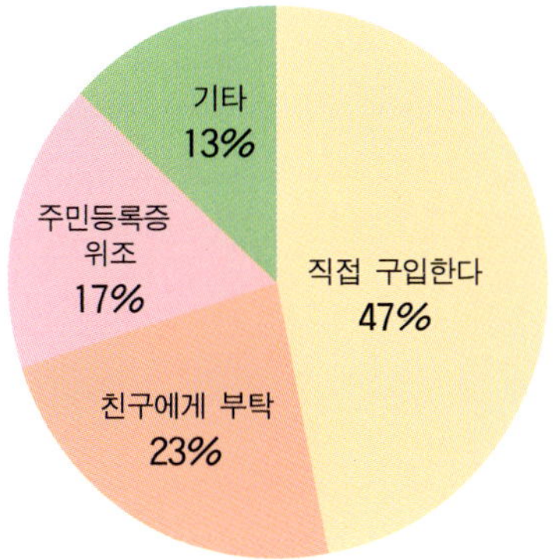

■ 의견

대부분의 학생들이 담배를 쉽게 구입한다.

→ 가게에서 청소년들에게 담배를 판매하지 못하도록 해야 한다.

주제, 대상, 방법	인천 YMCA청소년재단에서 2009년 9월 21일–11월 3일에 걸쳐 인천지역 흡연청소년 434명으로, '청소년 흡연에 대한 설문조사'를 실시했습니다.
결과	조사 결과에 따르면, 하루에 6개비~1갑을 피우는 청소년은 235명 즉 54.1%이며, 2갑 이상 피우는 학생은 35명으로 8.1%인 것으로 나타났습니다. 담배를 구입하는 장소는 동네슈퍼마켓이 243명으로 56%를 차지했고, 편의점에서 산다고 답한 청소년은 69명으로 15.9%였습니다. 또, 담배를 구입하는 방법을 묻는 질문에는 직접 구입한다고 답한 청소년이 203명, 46.8%로 가장 많았습니다. 이 밖에도 '친구에게 부탁한다'가 100명으로 23%를 차지했으며, 주민등록증을 위조한다고 대답한 청소년도 76명이나 되었습니다.
의견	이상의 설문조사 결과 청소년 흡연이 증가하는 이유는 대부분의 학생들이 담배를 쉽게 구입하는 데 있는 것으로 나타났습니다. 청소년 흡연을 줄이기 위해서는 가게에서 청소년들에게 담배를 판매하지 못하도록 해야 할 것으로 보입니다.

● 위의 〈표현〉을 사용하여 〈보기〉와 같이 의견을 말해 보십시오.

■ 청소년 게임 경험과 건강 관련 설문조사

- 조사기관 : 청소년조사연구소
- 조사기간 : 2010년 5월 27~7월 3일
- 조사대상 : 전국 청소년 13세-18세 500명
- 조사방법 : 면접 설문조사

■ 조사결과

게임 경험

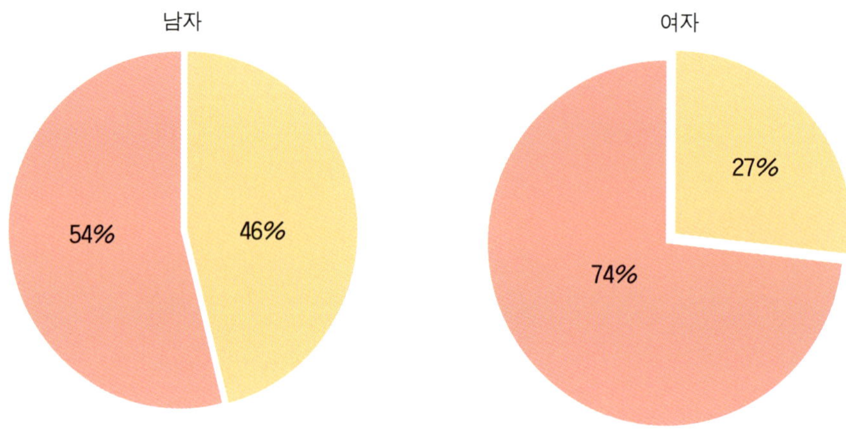

게임 횟수(1개월)

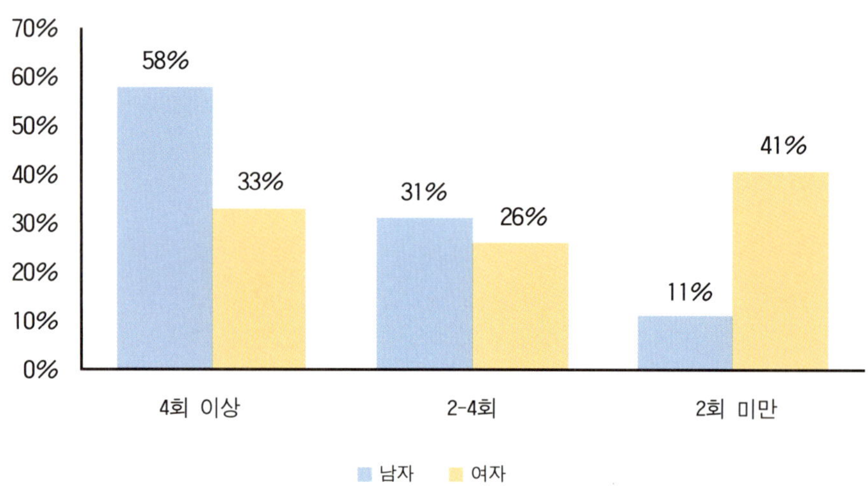

1회 게임 시간

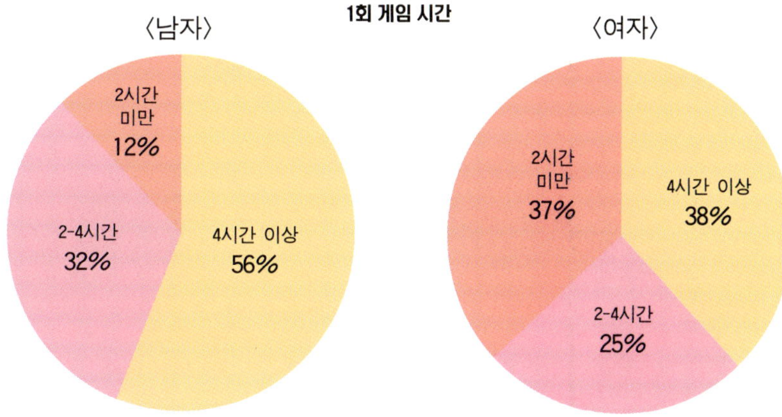

- 게임으로 인해 생기는 신체적 이상 (복수응답)
  - 집중력이 떨어진다 (43%)
  - 두통이 생긴다 (52%)
  - 스트레스가 쌓인다 (32%)
  - 손목, 어깨가 아프다 (23%)

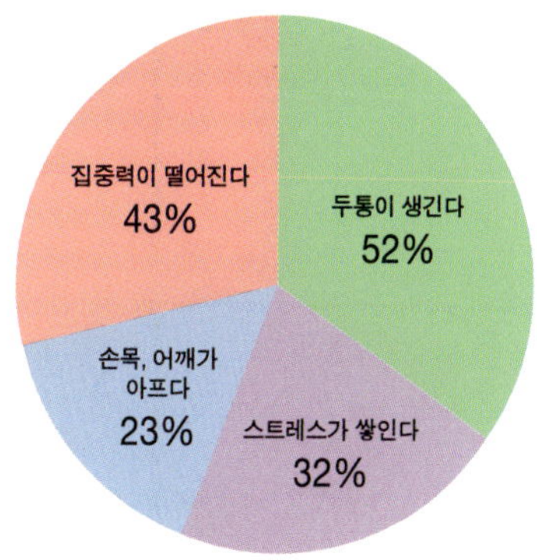

- 의견
  - 게임에 중독되는 청소년들이 많아지고 있다.
    → 게임 중독에 대한 예방과 교육이 필요하다.

정리해 봅시다

컴퓨터의 사용 때문에 생기는 병에 대해서 이야기해 보십시오. 어떻게 해결할 수 있는지 이야기해 보십시오.

부록

01 듣기 지문

02 모범 답안

듣기 지문

제1과 대학 생활

01

[준비해 봅시다]

상담 교사 : 안녕하세요? 어떻게 오셨어요?

학 생 : 안녕하세요? 이번에 대학에 입학한 전자공학과 1학년 김호원입니다.

상담 교사 : 네, 반갑습니다. 그런데 무슨 문제라도 있으신가요?

학 생 : 오랫동안 꿈에 그리던 대학에 입학했는데 입학해보니 대학생활이 제가 기대했던 것만큼 만족스럽지 않네요.(한숨) 대학생활을 한 지 한 달 정도 지났는데 고등학교 생활하고 별로 다르게 없어요. 물론 고등학교 때보다 시간 여유가 더 있기는 하지만요. 다른 사람들도 저와 비슷한가요? 아니면 제가 뭔가 잘못하고 있는 건가요?

상담 교사 : 아, 그런 문제가 있군요. 먼저 학생의 문제는 대학에 처음 들어와서 다른 학생들도 비슷하게 느끼는 문제예요. 그러니까 학생만의 문제나 잘못은 아니라는 거지요.

학 생 : 그럼 앞으로 어떻게 해야 대학생활을 잘 할 수 있을까요?

상담 교사 : 고등학교까지는 거의 부모님이나 선생님들이 하라는 대로 해왔지만 대학에서는 아무도 이렇게 하라 저렇게 하라고 말하지 않아요. 스스로 생각하고 선택하고 결정해야 하는 거죠. 처음에는 익숙하지 않아서 좀 어렵겠지만 시간이 지나면 차츰 익숙해 질 테니까 너무 걱정하지 않아도 돼요.

학 생 : 휴우~ 저만의 문제가 아니라고 하시니 조금 마음이 놓이네요. 말씀하신 대로 앞으로 대학생활에 적응해 보도록 노력해 볼게요. 감사합니다.

제2과 학교 행사

02

[준비해 봅시다]

남학생 : 이번 사진 전시회는 축제 기간 동안 우리 동아리를 알릴 수 있는 기회이니까 준비에 신경을 많이 써야 할 것 같아요.

여학생 : 기존의 사진전과 다른 특별한 주제로 하는 건 어때요?

남학생 : 그러나 특별한 것을 강조하려고 너무 무겁거나 어두운 분위기로 가는 건 오히려 좋지 않은 느낌을 줄 수도 있을 걸요.

여학생 : 그래도 우리 전시회를 많은 사람들에게 알리기 위해서는 우리 동아리만의 개성을 충분히 표현하는 것이 좋지 않을까요?

남학생 : 그럼 그 점에 대해서는 학생회에 문의해서 전체 주제와 잘 어울리도록 하겠습니다.

여학생 : 준비 시간이 그리 많지 않으니 서둘러서 전체 모임을 한번 하는 게 어떨까 합니다.

제3과 성격

03

[준비해 봅시다]

남학생 : 김 선배 말이야. 후배들에게 너무 권위적인 거 아니야? 나는 그 선배가 우리한테 무슨 일을 부탁할 때마다 부탁이 아니라 명령하는 것처럼 들려서 기분이 나빠.

여학생 : 그건 네 오해야. 그 선배가 겉으로는 무뚝뚝하고 무서워 보이지만 가까이 지내다 보

면 굉장히 자상한 사람이라는 걸 알게 될 거야.
남학생 : 그 선배를 안 지 벌써 한 달이 넘었는데 그런 면은 한 번도 느끼지 못했는걸.
여학생 : 그건 아마 네가 공식적인 모임에서만 그 선배를 만났기 때문인 것 같다.
남학생 : 그런가? 그럼 언제쯤 그 선배의 진짜 모습을 볼 수 있을까?
여학생 : 다음 주에 우리 과 엠티 가잖아. 그때 그 선배의 본 모습을 보게 될 거야. 얼마나 속이 깊고 정이 많은 사람이라고.

제4과 실수와 사과

04 **【준비해 봅시다】**

여자 : 미안해서 어떻게 하지요? 지난번에 빌려 주신 우산을 그만 잃어버렸어요.
남자 : 아, 그래요?
여자 : 정말 죄송해요. 손에 들고 다니다가 지하철에 놓고 내린 것 같아요.
남자 : 저는 다른 우산이 또 있으니까 신경 쓰지 마세요.
여자 : 그래도 그럴 수는 없지요. 제가 같은 것으로 다시 사 드릴게요.
남자 : 괜찮아요. 새 것도 아닌데 그러실 필요까지 없어요.

제5과 부탁과 거절

05 **【준비해 봅시다】**

여학생 : 선생님, 부탁드릴 말씀이 있어서 왔습니다.
교　수 : 어서 들어와요. 무슨 부탁인지 말해 보세요.
여학생 : 이번에 우리 학교에서 성적이 좋은 학생들을 뽑아 외국으로 연수를 보내주는 기회가 있다고 들었습니다. 혹시 선생님께서 제 추천서를 써 주실 수 있으신가 해서요.
교　수 : 안 그래도 추천서를 부탁한 학생들이 많아서 이번에는 4학년 학생에게 우선적으로 추천서를 써줄까 생각중이에요. 희수 양 같은 1학년 학생들은 앞으로 이런 기회가 많을 테니까요.
여학생 : 선생님. 이번에 연수를 보내주신다는 곳은 제가 꼭 가서 언어와 문화를 배워 보고 싶었던 나라입니다. 선생님께서 추천을 해 주시면 정말 감사하겠습니다.
교　수 : 글쎄요, 다른 교수님들하고도 상의를 해 봐야 알겠지만 1학년은 다음에도 기회가 있으니까 4학년 학생들을 먼저 추천하게 될 것 같군요.

제6과 서비스센터

06 **【준비해 봅시다】**

상담원 : 소비자 상담실입니다. 무엇을 도와 드릴까요?
고　객 : 작년 11월에 휴대폰을 구입했는데, 수리를 받았으면 해서요.
상담원 : 어떤 문제가 있습니까?
고　객 : 최근 소리가 자주 끊기고 소음이 심한 데다가 액정화면이 나오지 않아서 사용하기가 어렵습니다.

상담원 : 혹시 휴대폰을 떨어뜨리거나 심한 충격을 준 일이 있으십니까?
고　객 : 아니요, 그런 일이 없는데요.
상담원 : 네, 알겠습니다. 그런데 휴대폰의 경우 품질보증기간이 1년입니다. 구입하신 지 1년이 지났으므로 부품비용과 수리비용을 내셔야 합니다.

제7과 변화

07 **[준비해 봅시다]**

남자 : 친구에게 보내시는 엽서인가 봐요. 직접 손으로 쓴 엽서를 오랜만에 보니 느낌이 새롭네요.
여자 : 부모님 세대만 해도 편지나 엽서를 주고받았었는데 요즘은 거의 휴대폰, 메신저만 쓰니까요.
남자 : 정말 요즘은 모두 휴대폰을 가지고 다니니까 공중전화 찾기도 어려워요.
여자 : 휴대폰도 점점 발전해서 이제 스마트폰 시대가 되었잖아요.
남자 : 얼마 전 어디든 가지고 다니면서 신문이나 책을 읽을 수 있는 휴대용 전자책이 나오더니 좀 있으면 종이처럼 둘둘 말아서 가지고 다닐 수 있는 전자종이가 나온다고 하던데요. IT 기술은 발전 속도가 너무 빨라서 따라가기가 어려운 것 같아요.
여자 : 그래도 전 종이 신문이 좋고, 가끔 친구가 직접 손으로 써서 보낸 편지를 보면 왠지 더 정이 가요.

제8과 인터넷

08 **[준비해 봅시다]**

남자 : 저는 인터넷 실명제 실시에 찬성합니다. 요즘 인터넷에 남을 욕하고 상처를 주는 악플이 많아져서 사회 문제가 되고 있습니다. 실명제를 실시하면 이런 악플이 줄어들 거라고 생각합니다.
여자 : 저는 인터넷 실명제 실시에 반대합니다. 실명제를 실시하면 국가적 사회적으로 힘이 있는 집단들에 대해 국민들이 비판하기가 어려워집니다.
남자 : 실명제 때문에 정부를 비판할 수 없는 것은 아닙니다. 국회 게시판, 청와대 게시판에도 이미 이름을 밝히고 자유롭게 비판하는 사람들이 많습니다. 그것보다 악플 때문에 우울증에 걸리거나, 자살하는 연예인들이 많은 것이 더 문제라고 생각합니다.
여자 : 하지만 실명제 실시 이후 악플이 줄어들었다는 결과가 분명하게 나타나고 있지 않습니다. 인터넷에 자유롭게 글을 올리면 물론 부작용도 있겠지만 시간이 지나면 성숙한 인터넷 문화가 안정적으로 자리잡을 거라고 생각합니다.
남자 : 인터넷 문화가 자리 잡을 때까지 시간이 많이 걸린다면 그동안 발생하는 사회적 비용도 문제가 되지 않겠습니까?
여자 : 하지만 실명제는 힘이 있는 집단들에게 더 큰 힘을 준다고 봅니다. 사람들은 인터넷에 자신들의 생각을 자유롭게 표현하지 못할 것이고 그렇게 되면 사회는 발전하지 못합니다. 다양하고 자유로운 의견이 있어야 사회가 발전하기 때문입니다. 그것이 악플로 인한 사회 문제보다 더 심각한 문제가 아닐까요?

제9과 대중문화

09 【준비해 봅시다】

여자 : 오늘은 한국의 사물놀이를 세계화하는 데 앞장 선 김덕수 선생님과 말씀을 나눠 보겠습니다. 선생님, 안녕하십니까? 먼저 사물놀이에 대해서 설명해 주시겠습니까?

남자 : 사물놀이는 전통 농악을 북, 징, 장구, 꽹과리 등 4개의 악기를 사용하여 연주하는 음악으로 현대화한 것입니다.

여자 : 그렇군요. 그럼 선생님께서 사물놀이를 시작하게 된 동기에 대해서 말씀해 주시겠습니까?

남자 : 그 당시에는 한국 사람들조차도 전통 음악에 대해서 관심이 없었습니다. 그래서 사람들에게 가까이 갈 수 있도록 현대화된 음악을 만들어 보고 싶어서 사물놀이를 만들게 되었습니다.

여자 : 이번에 미국을 비롯한 해외 여러 나라에서 사물놀이 공연을 하고 오셨는데, 그곳의 반응이 어땠습니까?

남자 : 외국에서도 사물놀이에 대해 관심이 많더군요. 가는 곳마다 공연장이 가득 차고, 한국인은 물론 외국인들도 즐겁게 공연을 관람했습니다. 아마 사물놀이의 신나는 리듬이 많은 사람들의 공감을 얻는 것 같습니다. 사물놀이는 한국의 전통 음악을 현대화하였기 때문에 한국인 뿐만 아니라 여러 나라의 사람들도 함께 즐길 수 있는 것이지요.

여자 : 바쁘실 텐데 시간을 내주셔서 감사합니다.

제10과 건강

10 【준비해 봅시다】

오늘은 '국민건강과 운동에 대한 인식'에 관한 설문조사 결과를 발표하겠습니다. 조사대상은 만 10세 이상 연령대별로 10,000명을 대상으로 실시되었으며, 전문조사원이 각 가정을 방문하여 1:1 개별 면접조사로 진행하였습니다.

먼저 자신이 건강하다고 생각하는가라는 질문에 58.2%가 '건강한 편'이라고 대답했으며, '그저 그렇다'는 17.9%, '매우 건강한 편이다' 15.8%, '건강하지 않은 편이다'는 8.1%의 순으로 나타났습니다. 건강한 편이라는 응답이 많아진 것은 건강에 대한 사람들의 관심이 많아졌기 때문으로 보입니다.

건강을 유지하는 중요 방법이 무엇인가라는 질문에는 '규칙적인 운동'이라고 답한 사람이 47.1%로 가장 높게 나타났으며, '충분한 휴식 및 수면' 25.3%, '규칙적인 식사 및 영양 보충' 25.0%의 순으로 나타났습니다. 이 조사 결과에 의하면 국민들은 운동을 가장 중요한 건강 유지 방법으로 생각하는 것으로 보입니다. 또한 가장 많이 하는 운동으로는 걷기 30%, 헬스 14.4%, 등산 13.6%, 축구 8.6%, 배드민턴 5.6%, 수영 5.5%, 자전거 5.1% 순으로 나타났습니다.

모범 답안

제1과 대학 생활
【준비해 봅시다】

1. (4)　　2. (3)

제2과 학교 행사
【준비해 봅시다】

1. (1)　　2. (1)

제3과 성격
【준비해 봅시다】

1. (1)　　2. (3)

제4과 실수와 사과
【준비해 봅시다】

1. (2)　　2. (2)

제5과 부탁과 거절
【준비해 봅시다】

1. (1)　　2. (3)

제6과 서비스센터
【준비해 봅시다】

1. (4)　　2. (1)

제7과 변화
【준비해 봅시다】

1. (1)　　2. (3)

제8과 인터넷
【준비해 봅시다】

1. (2)

2. 1) (남)　2) (여)　3) (여)

제9과 대중문화
【준비해 봅시다】

1. (3)　　2.(1)

제10과 건강
【준비해 봅시다】

1

조사 내용	국민건강과 운동에 대한 인식
조사 대상	만 10세 이상 연령대별로 10,000명
조사 방법	1 : 1 개별 면접조사

2.

1) 자신이 건강하다고 생각하십니까?
2) 건강을 유지하는 방법이 무엇입니까?
3) 가장 많이 하는 운동은 무엇입니까?